Leserabe
3. Lesestufe

Fabian Lenk

Ratekrimis für Superdetektive

Mit Bildern von Wilfried Gebhard

Ravensburger Buchverlag

Bibliografische Information Der Deutschen Bibliothek:

Die Deutsche Bibliothek verzeichnet diese Publikation
in der Deutschen Nationalbibliografie.
Detaillierte bibliografische Daten sind im Internet
über **http://dnb.ddb.de** abrufbar.

3 4 5   11 10 09

Ravensburger Leserabe
© 2007 Ravensburger Buchverlag Otto Maier GmbH
Umschlagbild: Wilfried Gebhard
Umschlagkonzeption: Sabine Reddig
Redaktion: Marion Diwyak
Printed in Germany
ISBN 978-3-473-36229-5

www.ravensburger.de
www.leserabe.de

Hallo, Spürnase, in diesem Buch warten
zwanzig spannende Fälle auf dich.
Am Ende jeder Geschichte bekommst du
einen Geheimtipp, den du nur mit deiner
Detektivlupe lesen kannst.

Die Geheimtipps helfen dir dabei,
die Fälle zu lösen. Klar kannst du
auch im Lösungsteil nachschlagen,
wenn es zu schwierig sein sollte.
Aber ein echter Detektiv schafft das
doch mit links, oder?

Inhalt

Die goldene Katze

„Keine Angst, es beißt nicht", sagt der
Mann und legt das kleine Krokodil in
Maries Hände. Mit weit aufgerissenen
Augen starrt Marie auf das Tier.
„Ich mache schnell ein Foto", ruft Maries
Vater und zieht auch schon die Kamera
hervor.
„Lass uns weitergehen", drängt Maries
Mutter. „Und du gibst bitte das Krokodil
zurück, Marie!"

Dann schieben sie sich weiter durch das Gedränge auf dem Markt der ägyptischen Stadt Theben. Mit ihren Eltern macht Marie eine Kreuzfahrt auf dem Nil. Gestern sind sie in Theben angekommen. Hier gibt es besonders viele interessante Sehenswürdigkeiten. Marie war schon im Tal der Könige und hat das Grab von Pharao Tutanchamun angeschaut. Außerdem hat sie die berühmte Tempelanlage von Karnak besucht. Dabei hat Marie vom Fremdenführer viel über die alten ägyptischen Götter erfahren – über Amun, den ehemals höchsten Gott. Oder über Osiris, den Gott der Toten, und über Bastet, die Katzengöttin.

Und nun wuselt Marie mit ihren Eltern
über den Markt. Hier gibt es wirklich
nichts, was es nicht gibt: Messingteller,
Duftöle und Gewürze. An einem Stand
verkauft ein Mann bunte Gewänder. Ein
anderer Händler bietet Süßigkeiten an,
ein weiterer versucht, Marie eine große
Schlange um die Schultern zu legen.
„Die tut nichts", sagt auch er. „Dein Papa
kann ein schönes Foto machen. Kostet nur
einen Euro."
Lachend schüttelt Marie den Kopf. Ihr Vater
zieht sie von dem Mann weg.
„Lasst uns etwas zu trinken kaufen", sagt
Maries Mutter und wischt sich den Schweiß
von der Stirn. Es ist furchtbar heiß. Sie
gehen in ein winziges Lokal. Beim Kellner
bestellt Maries Vater Fanta und Minztee.
„Der Tee tut gut bei der Hitze", erklärt er
Marie. Die bleibt aber lieber bei ihrer Fanta.

Als der Kellner mit den Getränken zurückkommt, sieht er kurz über die Schulter. So, als wolle er sichergehen, dass man ihn nicht beobachtet. Dann fragt er leise Maries Vater: „Haben Sie schon ein Souvenir gefunden?"

„Nein", erwidert Maries Vater. „Aber das dürfte in Theben nicht schwer sein."

Der Kellner lächelt vielsagend. „Stimmt. Aber ich hätte vielleicht etwas ganz Besonderes für Sie ..."

„So, was denn?", fragt Maries Vater.

Erneut lächelt der Kellner. „Es ist wirklich etwas ganz Schönes. Aber es ist nicht hier ... Ich habe es da drüben." Er deutet auf eine Tür im hinteren Teil des Lokals. Maries Vater wirkt unschlüssig.

„Es ist eine goldene Katze, eine echte Bastet", lockt der Kellner. „Sie stammt aus dem Tal der Könige, ist 3500 Jahre alt!" Maries Vater stößt einen leisen Pfiff aus.

„Und die wollen Sie verkaufen?"

Die Sache hat doch bestimmt einen Haken!, denkt Marie. Auch ihre Mutter wirkt sehr skeptisch. Aber wieso ist Maries Vater immer so leichtgläubig? Vielleicht, weil er ein begeisterter Sammler ist. Unter dem Tisch gibt Marie ihm einen Stoß, aber er reagiert nicht.

„Ja, ich verkaufe sie. Wollen Sie die Katze sehen?", fragt der Kellner.

Der Vater nickt nur.

Der Kellner führt die Familie darauf ins angrenzende Zimmer. Hier herrscht Schummerlicht. Aus einem Schrank holt der Kellner eine golden glänzende Katzenstatue hervor. Vorsichtig stellt er sie auf den Tisch.

„Ist sie nicht wunderschön?", flüstert der Kellner.

„Doch", gibt Maries Vater zu.

Marie bemerkt in seinen Augen einen Glanz. Und jetzt weiß sie, dass ihr Vater die Statue unbedingt haben will!

„Tausend Euro – und sie gehört Ihnen", sagt der Kellner.

Maries Vater ist einverstanden und lässt sich nicht von den Protesten seiner Frau umstimmen. Er zieht seine Kreditkarte hervor.

Marie wird nervös. Hier ist doch was faul! Sie muss etwas unternehmen, und zwar

schnell! Das ist der Moment, in dem Marie
sich die goldene Katze schnappt und sie
genauer untersucht.
„Nicht kaufen", ruft sie. „Das ist eine
plumpe Fälschung!"

Was ist Marie aufgefallen?

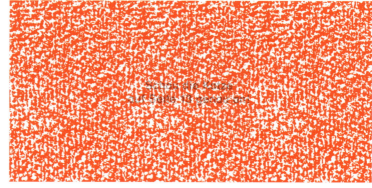

Am helllichten Tag

Die Tür zu Fynns Zimmer geht auf und
seine Mutter erscheint. „Fynn, kannst du
kurz bei Meiers die Blumen gießen?",
fragt sie.

Seufzend klappt Fynn sein Buch zu.
„Wenn's sein muss ...", sagt er.

„Klar", meint seine Mutter. „Die Meiers
sind im Urlaub. Und wenn wir verreisen,
gießen sie unsere Blumen ja schließlich
auch."

„Bin schon unterwegs", erwidert Fynn.
Er lässt sich den Haustürschlüssel
der Meiers geben und marschiert
los. Deren Haus liegt genau gegenüber.
Die Meiers sind auf Mallorca. Samt ihrem
Sohn Jesper. Jesper geht mit Fynn in
dieselbe Klasse. Die beiden sind die
dicksten Freunde. Wieder seufzt Fynn.
Echt schade, dass Jesper gerade nicht da
ist. Ohne ihn sind die Sommerferien nur
halb so spannend.
Jetzt steht Fynn vor dem Haus der Meiers.
Er schiebt den Schlüssel ins Schloss,
öffnet die Tür. Dann läuft er in die Küche
und füllt die Gießkanne. Anschließend will
er sie ins Wohnzimmer schleppen. Im Flur
bleibt er plötzlich stehen. War da gerade
ein Geräusch? Ein Quietschen, als würde
eine schlecht geölte Tür geöffnet? Fynns
Nackenhaare sträuben sich. Er lauscht.

Die Sekunden verstreichen. Nichts ist zu hören.

Hab mich wohl geirrt, denkt Fynn und betritt mit der Gießkanne das Wohnzimmer. Er gießt eine Yucca-Palme und will gerade zur Fensterbank gehen, als er wieder etwas hört. Ein Poltern! Und diesmal ist Fynn sich sicher: Es kam aus dem Keller! Ihm stockt der Atem. Was ist das nur? Vielleicht haben seine Nachbarn vergessen, ein Kellerfenster zu schließen, das jetzt im Wind auf und zuschlägt.

Es ist besser, wenn ich mal nachsehe, denkt Fynn. Er lässt die Kanne stehen und geht zur Kellertür. Als Fynn sie öffnet, hört er wieder Geräusche. Ganz geheuer ist ihm die Sache nicht. Dennoch läuft Fynn die Treppe hinunter. Nun ist er unten angelangt. Fynn steht in einem Gang, der zu drei Räumen führt. Im letzten steht die

Tischtennisplatte. Die Tür ist offen. Und aus diesem Raum dringt gerade ein Kommando: „Es reicht, wir hauen ab." Fynn ist entsetzt. Einbrecher! Fynn hat gewaltige Angst. Blitzschnell dreht er sich um und hastet die Treppe wieder hinauf. Er muss die Polizei rufen! Jetzt ist er im Wohnzimmer, will gerade zum Telefon greifen – da sieht er zwei Männer durch den Garten rennen. Sie tragen eine Stereoanlage und einen Laptop, überqueren den Rasen und springen über

den Zaun. Fynn flitzt zum Fenster. Gerade noch sieht er, wie die Männer das Diebesgut in einen Wagen laden und davonbrausen. Fynn merkt sich das Kennzeichen: M – RL 93.

Atemlos rennt er zum Telefon und alarmiert die Polizei.

Kurz darauf sind die Beamten da. Fynn berichtet ganz genau, was er beobachtet hat. Aber natürlich sind die Einbrecher längst über alle Berge. Die Polizisten sind jedoch zuversichtlich, die Täter bald zu erwischen. Schließlich haben sie ja das Kennzeichen des Fluchtfahrzeugs. Die Polizisten loben Fynn ausdrücklich.

Am Nachmittag fährt Fynn mit seiner Mutter zu einem Supermarkt. Auf dem Parkplatz ist die Hölle los. Mit einiger Mühe findet Fynns Mutter einen Parkplatz. Sie laufen zum Supermarkt.

Plötzlich sieht Fynn etwas, was sein Herz
höher schlagen lässt!

Was hat Fynn entdeckt?

20

Achtung, Spürnase! Hier kommt dein Geheimtipp...

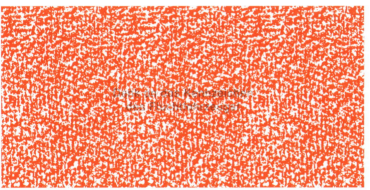

Der vergrabene Schatz

Schlaftrunken krabbelt Pia aus dem Zelt.
„Aufstehen!", erklingt erneut die Stimme
von Tadeus, dem Leiter des Pfadfinder-
lagers.
„Komme ja schon", murmelt Pia müde.
Tadeus hockt vor dem Lagerfeuer. Neben
ihm sitzt Franz, der mit Tadeus das Camp
leitet.
„Los, ihr müden Krieger!", rufen sie
lachend.

Nach und nach füllt sich der Platz vor dem Feuer. Rund zwanzig Kinder nehmen an dem Zeltlager teil. Seit zwei Jahren ist Pia bei den Pfadfindern und hat noch keine Sekunde bereut. Das liegt vor allem an Tadeus und Franz, die sich immer wieder tolle Spiele ausdenken. So auch heute.

„Bei Sonnenaufgang haben wir einen Schatz für euch vergraben!", erzählt Tadeus. „Und den sollt ihr finden! Nach dem Frühstück teilt ihr euch in zwei Gruppen auf, die getrennt voneinander auf die Suche gehen. Wir werden euch rätselhafte Hinweise geben, die ihr entschlüsseln müsst. Die Gruppe, die den Schatz zuerst findet, darf ihn behalten. Die andere Gruppe erledigt den Abwasch!"

Nach dem Frühstück werden die beiden Gruppen gebildet. Sie heißen „Biber" und

„Fuchs". Pia ist bei den Füchsen. Tadeus führt sie vom Lager in einen Wald. Die andere Gruppe wird von Franz zum nahe gelegenen See gebracht.

„Ihr seid genauso weit vom Ziel entfernt wie die Biber", erklärt Tadeus Pia und ihrer Gruppe, als sie ihren Startort erreicht haben. „Jetzt müsst ihr den Schatz schneller finden als die anderen." Dann drückt er Pia einen Zettel in die Hand und lässt die Gruppe allein.

Pia liest die Botschaft laut vor:

„Hä?", meint ein Junge namens Tom aus Pias Gruppe.

Auch die anderen haben keine Ahnung.

Alle reden durcheinander.

Nur Pia schweigt und grübelt. Steine ... Weg ... Was könnte Tadeus damit gemeint haben? Pia sucht den Boden mit den Augen ab. Und plötzlich stutzt sie. Neben dem Stamm einer Buche liegen Steine! Pia läuft hin, bückt sich. Die Steine sind wie ein Pfeil angeordnet, der auf einen Pfad deutet.

Pia lächelt – jetzt hat sie das erste Rätsel gelöst! Schnell informiert sie die „Füchse". Dann laufen sie den Weg entlang. Nach einem Kilometer gelangen sie zu einer verfallenen Waldarbeiterhütte. An der Tür hängt ein Zettel.

„Ihr seid zu langsam, der Schatz gehört uns! Und ihr spült ab! Viele Grüße, die Biber!", steht darauf.

„So ein Mist", fluchen Pia und ihre Freunde. Außerdem sehen sie nirgendwo einen neuen Hinweis. Und von der Hütte gehen zwei Wege ab. Welchen sollen sie nehmen? Hektisch blickt sich Pia um, aber sie kann keinen Hinweis entdecken! Unterdessen untersucht Tom die Hütte. Kurz darauf wedelt er mit einem Umschlag. Tom zieht ein Blatt Papier heraus – aber es steht nichts drauf!

„Wollen die uns veräppeln?", ärgert sich Pia.

„Nicht so voreilig", meint Tom und schnuppert an dem Papier. „Es riecht nach Zitrone", ruft er. „Das ist bestimmt eine unsichtbare Geheimschrift." Vorsichtig hält er sein Feuerzeug unter das Blatt. Und schon wird die Schrift sichtbar!

„Nehmt den Weg nach Norden!", steht dort.

Schon sind die „Füchse" unterwegs. Aber auch am nächsten Ziel waren die „Biber" vor ihnen da.

Völlig abgekämpft erreichen Pia und ihre Gruppe schließlich das letzte Ziel. Dort stehen nicht nur Tadeus und Franz, sondern auch die „Biber". Und diesmal sehen sie reichlich ratlos aus. Tadeus und Franz grinsen nur.

„Ihr wart zwar langsamer als die anderen",
meinen sie zu Pia und ihrer Gruppe, „aber
ihr könnt trotzdem noch gewinnen.
Vielleicht gelingt es euch ja, das letzte
Rätsel zu knacken. Die Lösung enthält
den entscheidenden Hinweis ..."
Mit ihren Freunden beugt sich Pia über
die Aufgabe. Dort steht:

Gr1bt 5nt2r d2r
gr4ß2n 23ch2.

Tom und die anderen geben nach kurzer
Zeit auf. Aber Pia lässt nicht locker. Und
plötzlich huscht ein Lächeln über ihr
Gesicht. „Ich hab die Lösung!", ruft sie.
„Wir kriegen den Schatz – und die Biber
die Spülbürsten!"

Was steht auf dem Zettel?

Achtung,
Spürnase!
Hier kommt dein
Geheimtipp...

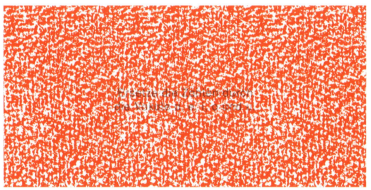

Der Fahrraddieb

Was für ein Tag! Es ist so heiß, dass
sogar die Vögel die Schnäbel halten.
Einfach cool!
Silas ist im Freibad. Gerade war er im
Wasser und hat mit seinem Freund Tobi
Ball gespielt. Dabei hat Tobi natürlich sein
neues T-Shirt vom FC Bayern München
getragen. Tobi liebt diesen Verein. Dann
haben sie ein paar Mädchen geärgert und
sind die Wasserrutsche runtergesaust.

Ein echt lässiger Tag. Aber jetzt ist Tobi
gerade gegangen, denn er muss noch
Hausaufgaben machen. Wie gut, dass
Silas das direkt nach der Schule erledigt
hat. Mit einem Eis in der Hand lässt er sich
auf sein Handtuch sinken und blinzelt in
die Sonne.

Da legt sich ein Schatten über ihn.

„He, Silas, du musst mir helfen!", ertönt
Tobis Stimme.

„Was ist denn los?"

„Mein Fahrrad ist weg!", stößt Tobi entsetzt
hervor.

„Etwa geklaut?"

„Keine Ahnung", jammert Tobi. „Jedenfalls
ist es weg!"

Silas läuft mit Tobi zum Ausgang des
Bades. Und Tobi hat Recht – das Fahrrad
ist verschwunden.

Tobi ist total niedergeschlagen. „Ich habe

es doch erst vor zwei Wochen zum Geburtstag geschenkt bekommen ..."

Silas nickt. Er war auf der Geburtstagsfeier. Das Rad ist echt toll. Ein pechschwarzes Mountainbike mit einundzwanzig Gängen und Stoßdämpfern.

„Vielleicht hat jemand etwas beobachtet", denkt Silas laut nach. „Schau mal, da drüben auf dem Spielplatz sind ein paar Kinder." Sie laufen hin.

„Ihr habt nicht zufällig jemand auf einem pechschwarzen Rad wegfahren sehen?", fragt Silas.

Ein Junge nickt eifrig. „Gerade eben. Der fuhr Richtung Schule." Dann schaut er Tobi in dessen T-Shirt vom FC Bayern München kritisch an. „Bist wohl ein Fan von denen, was?"

Tobi verschränkt die Arme vor der Brust. „Na und?"

„Das ist eine Gurkentruppe!", meint der andere Junge verächtlich.

„Bist ja nur neidisch", giftet Tobi. „Weil wir immer Deutscher Meister werden."

Silas hebt die Hände. „Schaltet mal 'nen Gang runter, Jungs. Wir wollen doch das Rad wiederfinden, oder? Tobi, du gehst am besten zum Bademeister und rufst die Polizei. Ich radel mal zur Schule. Vielleicht finde ich eine Spur von deinem Bayern-Rad."

Tobi nickt und läuft zum Bademeister. Unterdessen schwingt sich Silas auf sein Rad und strampelt zur Schule. An einer roten Ampel muss Silas stoppen. Gedankenverloren betrachtet er den Verkehr. Plötzlich werden Silas' Augen schmal – war da nicht gerade eben ... Doch, er ist absolut sicher: Auf dem Radweg auf der anderen Seite flitzt jemand auf einem schwarzen Mountainbike entlang! Und dieses Rad sieht genauso aus wie das von Tobi! Die Ampel springt auf Grün, Silas tritt in die Pedale und nimmt die Verfolgung auf.

Gut zweihundert Meter trennen ihn von dem Dieb. Und der ist sehr schnell unterwegs. Silas gibt alles, um den Abstand nicht größer werden zu lassen. Jetzt saust der Fliehende um eine scharfe Kurve und verschwindet aus Silas' Blickfeld. Als auch Silas um die Ecke biegt, ist der Dieb verschwunden. Keuchend hält Silas an. Wo kann der Dieb nur sein? Suchend blickt Silas sich um. Die Straße ist überfüllt mit Autos und Radfahrern. Kein Wunder, es herrscht Feierabendverkehr. Und da vorn liegt die Schule mit den Turnhallen.

Davor sind Fahrradständer, in denen jede Menge Räder stehen. Aber wo ist Tobis Rad? Silas sucht die Gegend noch einmal mit den Augen ab. Und da wird er fündig!

Wo hat Silas das Rad entdeckt?

Achtung,
Spürnase!
Hier kommt dein
Geheimtipp...

Jagd auf Mister X

Lara gehört nicht unbedingt zu den Schülerinnen, die gerne in die Schule gehen.

„Schule? Davon bekomme ich Pickel", sagt Lara immer. Aber es gibt einen Tag in der Woche, an dem Lara doch gerne in die Schule geht – am Dienstag. Denn im Anschluss an den eigentlichen Unterricht hat Lara ihre Grips-AG. Die macht Lara so richtig Spaß. Das liegt zum einen an den Unterrichtsinhalten: Die Schüler lösen

Rätsel, Rechenaufgaben, Kriminalfälle oder spielen Schach. Hauptsache, der Grips wird gefordert. Zum anderen liegt das am Leiter der AG: Herrn Dr. Kasimir Kryznowak. Der Lehrer ist dünn wie ein Speer, sehr groß, trägt eine Brille und hat einen Spitzbart. Vor allem aber hat er gute Ideen. So wie heute.

Gerade steht Kryznowak vor den Schülern und putzt seine Brille.

„Heute, meine Lieben", beginnt er, „habe ich eine besonders gripsige Aufgabe für euch." Er legt eine kleine Kunstpause ein.

Lara hängt an den Lippen des Lehrers.

„Ich werde euch eine Geschichte vorlesen", fährt Kryznowak fort. Unwilliges Gemurmel wird laut.

Eine Geschichte?, denkt Lara. Ob das wirklich gripsig wird?

Der Lehrer hebt die Hand.

„Natürlich nicht irgendeine Geschichte",
verdeutlicht er. „Sondern eine Geschichte,
die von der Jagd auf Mister X handelt."
„Wer ist denn das?", fragt Lara. Jetzt ist
ihre Neugier geweckt.
„Ein Juwelendieb, und zwar der beste der
Welt", erläutert der Lehrer. „Unter dem
Namen Mister X erlangte er zweifelhafte
Berühmtheit. Ich werde euch berichten,
wie er von Kommissar Sohr geschnappt
wurde. Und ihr werdet genau aufpassen.
Denn in dieser Geschichte ist ein einziger
Fehler verborgen. Und wenn ihr so clever
seid wie Kommissar Sohr, werdet ihr
diesen Fehler finden. Beweist, dass ihr zu
Recht in der Grips-AG seid!"

Die Schüler kramen ihr Schreibzeug hervor. Mit gespitztem Bleistift schaut Lara den Lehrer an.

Dr. Kryznowak öffnet einen Schnellhefter und berichtet von der Jagd auf den Juwelendieb: „Mister X schlägt in der Nacht vom 27. auf den 28. März in München zu. Sein Ziel ist das berühmte Juweliergeschäft Meier & Sohn. Mister X gelingt es, sämtliche Alarmanlagen zu überlisten. Von einem Dachfenster aus seilt er sich in den Verkaufsraum ab, plündert die Auslagen und den Tresor. Er entkommt mit einer Beute im Wert von einer Million Euro. Wie immer hinterlässt er am Tatort seine Visitenkarte: ein parfümiertes Taschentuch mit einem roten X. Doch diesmal kommt ihm Kommissar Sohr auf die Schliche. Ein nächtlicher Spaziergänger sieht Mister X auf dem

Dach des Juweliergeschäfts. Er beobachtet auch, wie Mister X in einen Ford mit dem Kennzeichen M – SL 54 steigt. Im Licht einer Straßenlaterne erkennt der Zeuge zudem das Gesicht von Mister X.
Dann braust der Dieb davon. Der Zeuge alarmiert die Polizei. Kommissar Sohr lässt augenblicklich bundesweit nach dem Ford fahnden. Parallel beschreibt der Zeuge einem Zeichner der Polizei ganz genau das Gesicht von Mister X. Der Zeichner fertigt ein Phantombild an."

Dr. Kasimir Kryznowak putzt erneut seine Brille, bevor er fortfährt: „Erst am späten Vormittag wird das Auto verlassen am Frankfurter Flughafen gefunden. Sohr schickt zwanzig Beamte mit einem Phantombild von Mister X zu den Schaltern, wo die Flugtickets verkauft werden. Wer hat Mister X gesehen? Schließlich haben die Fahnder Erfolg. Eine Angestellte der Lufthansa erkennt Mister X wieder. Sie erinnert sich, ihm ein Ticket nach Helsinki verkauft zu haben. Sofort bittet Kommissar Sohr seine dortigen Kollegen um Amtshilfe und fliegt selbst in die schwedische Hauptstadt. Doch die Polizei kommt zu spät – Mister X kann erneut entkommen. Ermittlungen ergeben, dass er ein Flugzeug nach Paris genommen hat. Wieder jagt Kommissar Sohr hinterher. Doch Mister X ahnt offenbar, dass die Polizei ihm dicht auf den Fersen ist. Mit dem Eilzug flieht er nach Österreich, erst in die Hauptstadt Wien, dann weiter nach Graz. Von hier aus nimmt Mister X ein Flugzeug, das ihn nach Bogotá in Kolumbien bringt. Hier verläuft sich zunächst seine Spur. Aber Mister X hat Pech. Denn auf seine Ergreifung ist eine hohe Belohnung ausgesetzt. Ein Freund, bei dem Mister X untergeschlüpft ist, verrät ihn. Und endlich kann Kommissar Sohr den Schmuckdieb verhaften."

Der Lehrer legt seine Notizen beiseite und mustert die Schüler über den Rand seiner Brille hinweg.

„Tja, das ist die Geschichte von Mister X", sagt er. „Und diese Geschichte enthält wie gesagt einen Fehler! Wem von euch ist er aufgefallen?"

Versonnen knabbert Lara an ihrem Bleistift herum. Langsam lässt sie sich die Geschichte noch einmal durch den Kopf gehen. Plötzlich lächelt sie listig – sie hat den Fehler entdeckt!

Welches Detail stimmt nicht?

Achtung, Spürnase! Hier kommt dein Geheimtipp...

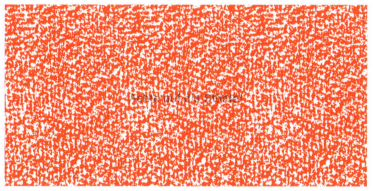

Wenn es Mitternacht schlägt …

Wie von Geisterhand öffnet sich das große Tor. Yannicks Papa gibt Gas und der Wagen rollt langsam die Einfahrt entlang. Eine uralte Villa taucht direkt vor ihnen auf. Das Gebäude hat dunkle Mauern und zwei Türmchen. Auf Yannick wirkt es wie ein verhextes Schloss, irgendwie düster. Alles andere als einladend auf jeden Fall. Aber Yannick und seine Eltern **sind** eingeladen – und zwar vom Villenbesitzer Daniel von Brodewick höchstpersönlich. Brodewick

ist ein alter Schulfreund von Yannicks
Vater. Übers Wochenende sollen Yannick
und seine Eltern bleiben. Die Aussicht
begeistert Yannick überhaupt nicht. Das
liegt vor allem an Brodewicks Sohn
Gerald. Der ist ein ziemlicher Angeber,
weiß Yannick vom Besuch vor einem Jahr.
Außerdem lacht Gerald immer über seine
eigenen Witze besonders laut. Sehr lustig,
dieser Gerald.

Der Wagen stoppt. Yannick und seine
Eltern klingeln.

Gerald führt sie zu seinen Eltern ins
Kaminzimmer. Die Erwachsenen tauschen
Nettigkeiten aus.

„Wir verkrümeln uns in mein Zimmer",
sagt Gerald zu Yannick. „Hier wird's nur
langweilig."

Sie huschen in Geralds Zimmer, das
doppelt so groß ist wie Yannicks. Gerald

hat eine gewaltige Autorennbahn aufgebaut. Außerdem hat er einen Computer, einen DVD-Player und einen Fernseher mit Spielkonsole.

„Sollen wir einen Gruselfilm gucken?", fragt Gerald.

Yannick schüttelt den Kopf.

„Hast wohl Angst, was?", stichelt Gerald.

„Nein", sagt Yannick. Er würde lieber mit der Rennbahn spielen.

„Das liegt wohl daran, dass es hier im Haus spukt."

Jetzt muss Yannick grinsen. „Was für ein Quatsch!"

„Kein Quatsch", braust Gerald auf. „Um Mitternacht spukt mein Urgroßvater auf dem Dachboden herum, Graf Bodo von Brodewick. Er starb bei einem Unwetter. Der Sturm hatte Dachziegel losgerissen, Bodo rannte auf den Dachboden und wurde vom Blitz erschlagen. Seitdem findet er keine Ruhe mehr. Wenn du Mut hättest, würdest du mal um Mitternacht da oben nachschauen. Aber das traust du dich ja doch nicht."

Yannick überlegt. Ein Feigling will er nicht sein. Und an Geister glaubt er schon mal gar nicht.

„Klar trau ich mich das", erwidert er. Aber so ganz wohl ist ihm dabei nicht.

Gerald lächelt. „Ich werde dabei sein ..."

Yannick hat auf einer Luftmatratze in

Geralds Zimmer geschlafen. Bevor er eingenickt ist, hat Gerald ihm noch ein paar Witze erzählt und sich vor Lachen gekringelt. Immerhin hat Yannick dabei prima einschlafen können.

Jetzt wird Yannick von Gerald geweckt.

„Bist du bereit?"

Auf Zehenspitzen schleichen die Jungen aus dem Zimmer. Irgendwo schlägt eine Uhr. Zwölf Mal. Mitternacht. Gerald führt Yannick eine Holztreppe hinauf. Dann stehen sie vor einer Tür.

„Geh nur rein", zischt Gerald.

Yannick drückt die Klinke hinunter. Quietschend öffnet sich die Tür. Dahinter ist es stockdunkel. Yannicks Herz hämmert.

Da flammt ein Licht auf. Gerald hat plötzlich eine Kerze in der Hand. Ihr Licht fällt auf alte Möbel, Gerümpel und

Spinnweben. Ein länglicher Schatten
huscht unter ein ausrangiertes Sofa.

„Nur 'ne Ratte", sagt Gerald.

Da poltert etwas. Yannick zuckt

zusammen. Was war das?

„Das ist Bodo", wispert Gerald. „Der böse

Bodo ..."

Schwere Schritte dröhnen. Dann erklingt

ein schauriges Lachen.

Yannick stehen die Haare zu Berge. Es folgt ein Heulen wie von einem Wolf. Und schließlich ein Schrei. Am liebsten wäre Yannick vom Dachboden gestürmt. Aber er bleibt, wo er ist.

„Du hast Angst, ich sehe es dir an", flüstert Gerald und lacht.

Nun ertönt ein Rauschen, als würde eine große Welle durch den Dachboden schwappen. Yannick versucht ruhig zu bleiben. Es gibt keine Geister!, sagt er sich. Er sieht sich um, schaut in Geralds spöttisches Gesicht. Aber dann erblickt Yannick noch etwas ganz anderes. Und nun ist es Yannick, der lachen muss.

„Du bist vielleicht ein Komiker!", ruft er. „Hier gibt es keinen Geist. Sondern nur einen Gerald, der miese Witze macht."

Wie kommt Yannick darauf?

Achtung!
Spürnase!
Hier kommt dein
Geheimtipp...

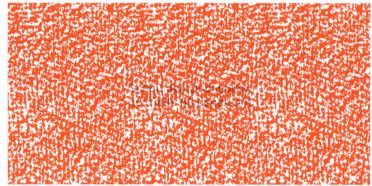

Böses Foul

Heute könnte sein großer Tag werden. Tim weiß das ganz genau – und ist tierisch aufgeregt. Mit seiner Fußballmannschaft nimmt er an einem Turnier teil, bei dem nur die besten Schülerteams des Landkreises mitmachen dürfen. Tim ist Mittelstürmer. In den letzten zehn Spielen hat er fast immer ein Tor geschossen. Und wenn seine Mannschaft den Pokal holen will, muss Tim auch heute den Ball in den Maschen versenken.

Stumm sitzt er im Auto seiner Mutter, die ihn zu der Stadt bringt, wo das Turnier stattfindet. Im Wagen sind auch Marcel, der rechte Verteidiger, und Justus, der Torwart. Die beiden schweigen ebenfalls vor sich hin. Nur Tims Mutter redet.

„Seid nicht so ernst", meint sie. „Es ist nur ein Turnier. Ihr müsst da locker rangehen." Kurz darauf erreichen sie den Platz. Hier ist schon jede Menge los. Auch die anderen Mannschaften sind eingetroffen. Tim, Marcel und Justus finden in dem Gewimmel ihren Trainer Boris und die anderen acht Spieler ihres Teams.

Boris lotst sie in die Umkleiden und weist ihnen einen Raum zu. Elf Sporttaschen krachen auf die Bänke. Tim und seine Freunde ziehen sich um.

Unterdessen lehnt Boris in der Tür.

„Jungs", sagt er, „das ist kein normales

Turnier. Heute müsst ihr alles geben, um zu gewinnen. Ist euch das klar?"

„Logo, Trainer!", tönt es aus elf Kehlen. Boris stemmt die Arme in die Seiten. „Ich habe nichts gehört. Das war zu leise!"

Und jetzt brüllen Tim und seine Freunde, dass die Wände wackeln: „Logo, Trainer!"

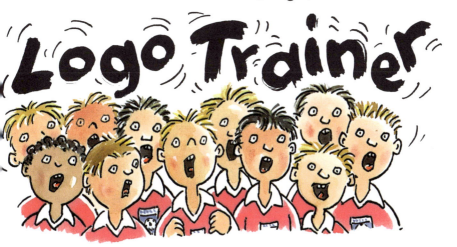

Zufrieden klatscht Boris in die Hände. „Bingo, gleich geht's los. Und lasst keine Wertsachen in der Umkleide. Hier wird immer mal wieder was gestohlen, habe ich gehört."

Tim überlegt. Nein, er hat nichts Wertvolles mitgenommen. Aber die anderen? Marcel zum Beispiel hat bestimmt seinen Gameboy in der Tasche. Denn den hat er unter Garantie immer dabei, wahrscheinlich nimmt er ihn sogar mit ins Bett, denkt Tim und muss grinsen. Tim hat seine Fußballschuhe geschnürt, die Stutzen hochgezogen. Mit den anderen läuft er zum Platz und macht sich warm. Dabei entdeckt Tim seine Mutter unter den Zuschauern. Fröhlich winkt sie ihm zu.

Dann beginnt das erste Spiel. Tims Mannschaft macht sofort mächtig Dampf. Doch die erste Chance haben die Gegner. Deren Außenstürmer jagt die Kugel aufs Tor, aber Justus kann den Ball abwehren. Jetzt hat Marcel den Ball und hetzt nach vorn. Zwei, drei Gegenspieler lässt er stehen, dann schaut er zur Mitte, will offenbar flanken.

Tim ist mitgerannt und hat seinen Bewacher abgeschüttelt. Jetzt hebt Tim den Arm.

„Spiel ab, Marcel!", gellt Boris' Stimme. Und da kommt auch schon die Flanke, halbhoch segelt sie in den Sechzehner. Tim erwischt die Kugel mit dem Kopf. Vorbei am herausstürmenden Torwart rauscht der Ball ins Netz. Tor!

Tims Freunde gratulieren ihm. Die meisten der Zuschauer klatschen. Vor allem Tims Mutter ist ganz aus dem Häuschen.

Aber schon geht es weiter. Tim und sein Team bleiben konzentriert und gewinnen das Spiel mit 2:0. Auch in der nächsten Begegnung triumphieren sie, diesmal mit 3:2.

Damit stehen sie im Finale. Das Spiel wogt hin und her. Am Ende steht es 1:1 und das Elfmeterschießen muss die Entscheidung bringen. Tim hasst Elfmeter. Reines Glück, das weiß er.

„Schieß du den ersten Elfer, Tim!", ordnet Boris an.

Tim bläst die Backen auf. Dann läuft er an und schießt. Der Ball prallt gegen den linken Pfosten. Tim ist total geknickt. Aber seine Freunde machen es besser, verwandeln die Elfer ganz locker. Und als ihr Torwart zwei Schüsse der Gegner pariert, haben Tim und sein Team den Pokal gewonnen. Mit ihrem Trainer tanzen sie auf dem Platz herum. Was für ein Tag! Dann schickt Boris sie zurück in die Umkleide: „Schnell duschen, Jungs, und dann gehen wir alle zusammen feiern!"

Tim stößt die Tür zur Umkleide auf. Dabei

fällt ihm Boris' Warnung vor Dieben ein.
Er lässt seinen Blick durch die Umkleide
schweifen. Und plötzlich weiß Tim, dass
Boris' Warnung absolut berechtigt war.

Warum?

Alarm auf Deck 11

Der zweite Tag auf See. Die Zwillinge Ole und Nils lümmeln sich in ihren Liegestühlen auf Deck 11 des Kreuzfahrtschiffes „Explorer". Die Sonne brennt. Nur ein weiterer Passagier, ein Mann mit einem enormen Schnurrbart, hält sich hier auf.

„Na, wie sieht es aus?", erklingt da die Stimme von Opa Ferdinand. „Kommt ihr mit zur Wassergymnastik?"

Ole und Nils winken ab. „Nee, danke."

„Wie ihr wollt, bis später."

Leise seufzen die Zwillinge. Genau das ist das Problem an Bord. Das Programm ist für Kinder ziemlich öde. Es gibt viele Angebote für die älteren Passagiere: Schach, Boccia und Gymnastik. Doch Nils und Ole lieben Handball. Aber dafür gibt es zu wenig Platz auf der „Explorer". Andere Kinder in ihrem Alter sind auch nicht an Bord.

Sie schippern über den Atlantik, von Hamburg nach New York. Opa Ferdinand hat die Zwillinge eingeladen. Wirklich sehr großzügig. Er ist garantiert der beste Opa der Welt. Und auf New York freuen sich Ole und Nils total. Die Freiheitsstatue, die Wolkenkratzer, die Museen! Aber jetzt, hier an Bord ... Den Zwillingen ist langweilig.

Eine halbe Stunde später taucht Opa Ferdinand wieder auf.

„Puh", meint er. „Das war vielleicht anstrengend." Er lässt sich in einen Liegestuhl plumpsen und tupft sich den Schweiß von der Stirn.

Dann zieht er aus einer Tasche seine wunderbar altmodische Uhr. Sie ist aus Gold, mit Mondsicheln verziert und hängt an einer Kette.

„Erst halb zwölf", murmelt Opa Ferdinand. „Da habe ich ja noch eine halbe Stunde bis zum Mittagsbüfett!" Er schließt die Augen. „Weckt ihr mich, wenn es so weit ist?"

„Klar", erwidern Nils und Ole. Sie schieben einen Sonnenschirm heran, damit Opa Ferdinand im Schatten liegt.

Nils und Ole lassen ihren Opa schlafen und streunen mal wieder über das Oberdeck.

Da erklingt eine Schiffssirene. Die Zwillinge flitzen an die Reling. Ein gewaltiges Containerschiff pflügt durch das Meer. Wie bunte Lego-Klötzchen sehen die Container aus.

Dann spielen Nils und Ole ein bisschen Boccia. Schon ist eine halbe Stunde vergangen. Die Zwillinge wecken ihren Großvater.

Opa Ferdinand will nach seiner Taschen-uhr greifen. Doch was ist das? Die Uhr ist weg!

„Das gibt es doch nicht!", ruft Opa Ferdinand.

Gibt es wohl. Die Uhr wurde offenbar gestohlen. Die Zwillinge sind hellwach. Und während Opa Ferdinand den Steward alarmiert, übernehmen Ole und Nils die Ermittlungen.

„Die Uhr muss wieder her", meint Ole.

„Genau", stimmt Nils ihm zu. „Die ganze Zeit über war nur ein anderer Mann auf dem Deck. Der Typ mit dem Bart. Vielleicht hat er die Uhr gestohlen, als wir an der Reling standen!"

Die Zwillinge schauen sich um. Von dem Mann fehlt jede Spur.

„Wir müssen ihn finden", grummelt Ole. Keine leichte Aufgabe. Immerhin sind über fünfhundert Passagiere an Bord.

Ihre Stunde schlägt beim Abendessen. Alle Gäste sind im großen Speisesaal versammelt. Und da entdecken Nils und Ole den Mann mit dem Bart.

Nach dem Essen – Opa Ferdinand geht noch in die Bar, um eine Partie Bingo zu spielen – schleichen die Zwillinge dem Mann hinterher. Zielstrebig steuert er eine Kabine auf Deck 5 an und verschwindet darin.

„Und jetzt?", fragt Ole.

„Bestimmt ist die Uhr irgendwo in der Kabine. Also müssen wir da rein", denkt Nils laut nach. „Ich habe eine Idee. Frechheit siegt!" Dann erklärt er dem Bruder seinen riskanten Plan.

Zwei Minuten später hat sich Nils hinter einem Servierwagen im Gang versteckt. Ole macht genau vor der Kabinentür des Verdächtigen mächtig Lärm. Prompt geht die Tür auf.

„Ruhe!", schnauzt der Mann das Kind an.

„Nö, alter Schnarchzapfen!", ruft Ole.

„Na warte!", brüllt der Mann und will Ole

schnapfen. Doch Ole saust weg. Der
Mann rennt ihm hinterher. Darauf hat Nils
nur gewartet. Er schlüpft in die Kabine
und schaut sich dort um. Mein Gott,
herrscht hier eine Unordnung!
Überall liegen Klamotten herum.
Reiseführer, Bücher, allerlei Krimskrams.
Nils wird nervös. Er hat nicht viel Zeit.
Bestimmt kommt der Mann gleich wieder
zurück – denn Ole wird er nie erwischen.
Der ist viel zu schnell.

Nils zwingt sich zur Ruhe, sucht die
Kabine systematisch mit den Augen ab.
Plötzlich wird er fündig.

Wo ist die Uhr?

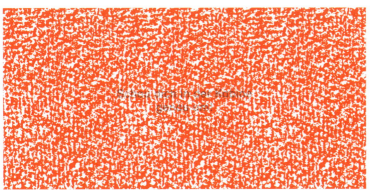

Der elegante Herr Busedomm

Christians Vater Wigbert Tolk ist schwer
im Stress. In einer halben Stunde wird die
große Ausstellung in seinem Spielzeug-
geschäft eröffnet. Alles ist vorbereitet. Der
Sekt und die Häppchen für die Gäste, die
Pressemappen für die Journalisten.
Herr Tolk schaut immer wieder auf die
Uhr.
Christian nutzt die verbleibende Zeit, um
allein durch die Ausstellung zu streifen.

In Vitrinen stehen unzählige Zinnfiguren, die Stars der heutigen Schau. Christian hingegen spielt am liebsten mit seinem ferngesteuerten Rennwagen oder baut Dinosaurier aus Lego. Aber Zinnfiguren? Ne, das ist eigentlich nichts für Christian. Doch sein Vater sammelt diese Figuren schon seit vielen Jahren. Heute möchte Herr Tolk seine Sammlung endlich der Öffentlichkeit vorstellen.

Und als Christian sich die Figürchen jetzt mal aus der Nähe anschaut, ist er doch fasziniert von ihnen. Da steht ein japanischer Kämpfer, ein langes Schwert hoch über den Kopf gehoben, ein anderer holt gerade mit einem Speer aus. Am besten findet Christian jedoch eine Vitrine mit Rittern. Hier stürmt ein Ritter auf seinem mächtigen Streitross heran, im Arm eine Lanze. Es gibt Fußkämpfer mit

Streitäxten, Bogenschützen, einen Mann mit einer Armbrust und einen, der mit dem Schwert ausholt.

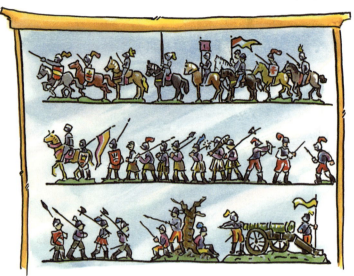

Christian ist begeistert, wie unglaublich genau die winzigen Figuren gearbeitet sind. Und die Bemalung! Jedes Detail ist zu sehen: die Schuhe, die Helme und das Zaumzeug der Pferde. Kein Wunder, dass die Figuren sehr wertvoll sind. Unter 1000 Euro sei keine zu haben, hat ihm sein Vater verraten.

Am Eingang des Spielzeuggeschäfts
werden Stimmen laut. Die ersten Gäste
sind eingetroffen. Rasch füllt sich die
Ausstellung. Viele andere Sammler sind
gekommen, aber auch Neugierige und
einige Journalisten. Herr Tolk hält eine
kurze Rede, dann werden Häppchen und
Sekt gereicht. Christian läuft mit einem
Tablett herum und bedient die Gäste, die
offensichtlich ganz begeistert sind von der
außergewöhnlichen Sammlung.
Währenddessen unterhält sich Herr Tolk
mit seinen Gästen und gibt Interviews.
„Danke", sagt Herr Tolk strahlend zu
Christian, als dieser mit dem Tablett bei
ihm vorbeikommt. Er streicht seinem Sohn
über den Kopf und schnappt sich ein Glas
Sekt. Doch plötzlich geht ein Ruck durch
Herrn Tolks Körper. Offenbar hat er etwas
entdeckt, was ihm gar nicht gefällt.

Christian folgt dem Blick seines Vaters und entdeckt einen auffallend elegant gekleideten Herrn.

„Der hat mir gerade noch gefehlt", knurrt Herr Tolk leise.

„Wer ist denn das?", fragt Christian.

„Er heißt von Busedomm. Tut immer sehr vornehm, ist aber ein gerissener Dieb", tuschelt Herr Tolk. „Er saß schon öfter im Gefängnis. Und bestimmt will er auch hier etwas stehlen."

Schon steuert Herr Tolk auf Herrn von Busedomm zu, der vor der Vitrine mit den Rittern steht. Christian folgt seinem Vater.

„Guten Tag", begrüßt Herr Tolk seinen ungebetenen Gast mit gespielter Freundlichkeit.

Herr von Busedomm deutet eine Verbeugung an. „Was für eine hübsche Ausstellung!"

„Allerdings", knirscht Herr Tolk. „Ich kann mich jedoch nicht erinnern, Sie auch eingeladen zu haben." Nach wie vor spricht er leise. Er will jedes Aufsehen vermeiden.

„Oh", erwidert Herr von Busedomm und wirkt dabei etwas beleidigt. „Ich habe von Ihrer Ausstellung aus der Zeitung erfahren. Wusste gar nicht, dass eine persönliche Einladung nötig ist."

„Nun, jetzt wissen Sie es. Ich darf Sie

bitten zu gehen", meint Herr Tolk mit
Nachdruck.

Herr von Busedomm zupft eine Fussel
von seinem Sakko. „Wie unhöflich. Dabei
wollte ich doch nur Ihre Ausstellung
genießen." Er deutet auf die Vitrine. Auch
Christian sieht noch einmal hin. Plötzlich
beschleicht ihn eine böse Ahnung.
„Ich interessiere mich sehr für
Zinnfiguren", ergänzt von Busedomm.

„Das glaube ich Ihnen sogar. Dennoch ..."
Herr Tolk deutet zur Tür.
Achselzuckend will Herr von Busedomm
der Aufforderung nachkommen. Doch da
stoppt Christian den eleganten Herrn.
„Moment noch, erst rufen wir die Polizei!",
sagt er aufgeregt.

Was ist Christian aufgefallen?

Achtung,
Spürnase!
Hier kommt dein
Geheimtipp...

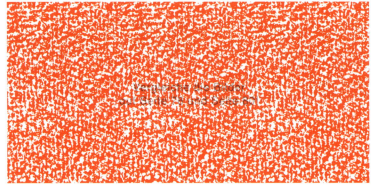

Betrug auf der Rennbahn

„Ich setze zehn Euro auf Wirbelwind",
meint Nadines Vater am Wettschalter zu
ihr. „Der gewinnt heute bestimmt."
Das glaubt Nadine auch. Mit ihrem Vater
ist sie heute zum ersten Mal auf einer
Galopprennbahn. Das ist eine mächtig
spannende Sache. Nadine ist schon seit
jeher ein großer Pferde-Fan. Aber ein
richtiges Pferderennen – das ist noch
etwas ganz anderes. Nadines Onkel Hans

ist ein sehr erfolgreicher Jockey. Mit seinem Hengst Wirbelwind hat er schon viele Rennen gewonnen. In der Zeitung hat Nadine gelesen, dass Wirbelwind heute großer Favorit auf das Preisgeld von 20.000 Euro ist. Hans' ärgster Konkurrent soll ein gewisser Peter Miehle auf seiner Stute Dolores sein, der oft von Hans geschlagen wird.

Jetzt laufen Nadine und ihr Vater auf die dicht bevölkerte Tribüne. Unten am Start haben sich bereits die Reiter versammelt. Nadine erkennt ihren Onkel und winkt ihm zu. Auf der Tribüne kehrt erwartungsvolle Stille ein. Jetzt dirigieren die Reiter ihre Pferde in die Startboxen – und schon geht es los! Die Startklappen springen auf und die Pferde preschen los. Dicht über Wirbelwind gebeugt jagt Hans über die Rennstrecke. Nadine und ihr Vater feuern ihn an. Zunächst sind alle etwa auf der gleichen Höhe, aber noch vor der ersten Kurve fällt Wirbelwind zurück. Er rutscht ins Mittelfeld, ist schließlich nur noch Letzter!

Was ist denn da nur los?, denkt Nadine entsetzt.
Wirbelwind wirkt schwerfällig. Am Ende der ersten Runde ist er bereits weit abgeschlagen, trottet müde hinter den anderen her.
„Was für eine Blamage", murmelt Nadines Vater. „Armer Hans!"

In der dritten Runde wird Wirbelwind sogar überrundet. Nadine kann gar nicht mehr hinsehen. Endlich ist das Rennen vorbei. Es gewinnt Peter Miehle auf seiner Stute Dolores.

„Na ja", meint Nadines Vater enttäuscht. „Hans kann nicht immer gewinnen. Komm, wir gehen zu ihm. Vielleicht können wir ihn ein wenig aufbauen."

Sie finden Onkel Hans in den Ställen.

„Eine Katastrophe", jammert er. „Dabei haben wir so viel trainiert." Er tätschelt den Hals von Wirbelwind.

„Aber wieso war dein Pferd so langsam?", fragt Nadine.

Onkel Hans zuckt die Schultern. „Ich kann es mir auch nicht erklären. Heute Morgen war Wirbelwind noch topfit. Doch plötzlich ..."

Da hat Nadine eine Idee. „Kann es sein,

dass jemand deinem Pferd etwas ins Wasser getan hat?"

Onkel Hans lacht. „Wie kommst du denn darauf? Du liest wohl zu viele Krimis!"

Doch Nadine lässt nicht locker. „Ich finde es seltsam, dass dein Pferd urplötzlich müde und langsam ist."

Onkel Hans gibt nach. „Na gut, dann schauen wir uns mal den Wassereimer an, aus dem Wirbelwind kurz vor dem Rennen noch getrunken hat."

Und Nadine hat Recht. Das Wasser riecht merkwürdig, wie nach Medizin!

Onkel Hans ist außer sich. „Nicht zu fassen, ein Skandal!"

„Wie kam das Zeug ins Wasser?", denkt Nadines Vater laut nach.

„Vor dem Start war ich auf Toilette. Da war Wirbelwind kurze Zeit allein", erinnert sich Onkel Hans. „Ich werde das Wasser untersuchen lassen. Dann haben wir einen Beweis, dass Wirbelwind mit dem Zeug geschwächt wurde. Aber vorher will ich mir noch jemanden vorknöpfen."

Nadine wird neugierig. „Wen denn?"

„Diesen Peter Miehle", zischt Onkel Hans. „Ihn habe ich im Verdacht. Er kann mich nicht leiden, gönnt mir meine Erfolge nicht."

Sie finden Miehle in einem weiteren angrenzenden Stall.

„War wohl nicht dein Tag", begrüßt Miehle den wütenden Hans.

„Kein Wunder!", zischt dieser. „Du hast ja
auch mein Pferd außer Gefecht gesetzt!"
„Wie bitte?", braust Miehle auf. „Lass
diese Unterstellungen!"
Doch Hans ist nicht zu bremsen.
„Wirbelwind war total schlapp während
des Rennens. Jemand muss ihm etwas
verabreicht haben, sonst wäre er niemals
so langsam gewesen."
Miehle ballt die Fäuste. „Halt dich zurück!

Ich hätte doch nie die Zeit gehabt, deinem
Vieh etwas ins Wasser zu kippen!"
So geht der Streit noch eine Weile weiter.

Bis Nadines Vater die beiden trennt.

„Jetzt warte doch erst mal das Ergebnis der Untersuchung ab", rät er Hans. Dann fährt er mit Nadine nach Hause.

Auf der Fahrt grübelt Nadine nach. Ist Miehle wirklich der Täter? Nadine ruft sich das Gespräch noch einmal in Erinnerung. Plötzlich ist sie überzeugt, dass Miehle tatsächlich etwas mit dem Fall zu tun hat!

Warum?

Achtung, Spürnase! Hier kommt dein Geheimtipp...

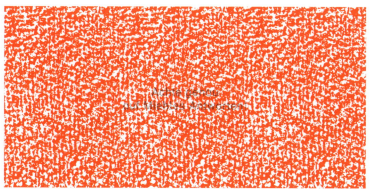

Der Juwelenraub

Pascal hasst Einkaufen. Aber einmal im
Jahr ist er dran. Dann schleppt seine
Mutter ihn in die Innenstadt. Von Geschäft
zu Geschäft. Bis er völlig neu eingekleidet
ist. Einmal im Jahr gibt es für ihn kein
Entkommen. So auch heute. Müde trottet
Pascal hinter seiner Mutter her. Er
schleppt zwei prall gefüllte Taschen.
„Reicht das nicht, Mama?", fragt Pascal
schwach.
„Du braucht noch neue Schuhe", flötet
seine Mutter.

Pascal findet, dass seine Turnschuhe noch völlig in Ordnung sind. Aber seine Mutter sieht das anders. Also laufen sie weiter durch die überfüllte City.

Der Schuhladen liegt direkt neben einem Juweliergeschäft. Und dort taucht jetzt ein Mann in der Tür auf. Er ist leichenblass, hat Schweiß auf der Stirn und stammelt: „Überfall ... ich bin überfallen worden." Er deutet auf einen Mann mit einer Tasche, der sich gerade grob den Weg durch die Menschen auf dem Bürgersteig bahnt.

Entsetzt schaut Pascal dem Flüchtenden hinterher. Dessen Gesicht kann er nicht erkennen. Pascal sieht nur, dass der Mann sehr groß und hager ist.

Schon ist er in der Menge verschwunden. „Hilfe, Hilfe!", kreischt der Mann in der Tür. Ein Menschenauflauf bildet sich. Auch Pascal und seine Mutter eilen hinzu.

Pascals Mutter ist Krankenschwester. Sie erkennt sofort, dass der Mann aus dem Geschäft Hilfe braucht.

„Sieht so aus, als habe er einen Schock erlitten", ahnt sie. Schon alarmiert sie mit ihrem Handy die Polizei. Dann führt sie den Mann in sein Geschäft und leistet Erste Hilfe. Sie sorgt dafür, dass sich der Mann flach auf den Boden legt. Dann lagert sie seine Beine hoch und kontrolliert den Puls.

Keine fünf Minuten später bremsen zwei Polizeiwagen und ein Krankenwagen vor dem Juweliergeschäft. Sirenen heulen, Blaulichter blitzen. Die Polizisten drängen die Gaffer zurück, der Arzt kümmert sich um den Geschäftsinhaber.

„Schock", stellt er sachlich fest. „Der Mann muss sofort ins Krankenhaus." Die Sanitäter heben den Juwelier vorsichtig auf eine Trage und bringen ihn zum Rettungswagen.

„Haben Sie den Täter gesehen?", fragt ein breitschultriger Mann, der sich als Kommissar Lehmann vorstellt, Pascals Mutter.

„Leider nein", sagt sie.

„Aber ich", meldet sich Pascal. „Allerdings nur von hinten."

„Mmh", macht Kommissar Lehmann. „Dennoch, deine Aussage kann wichtig sein. Ich möchte dich bitten, mit aufs Revier zu kommen. Du bist neben dem Juwelier der einzige Zeuge. Denn im Geschäft war kein Kunde, als der Überfall passierte." Er wendet sich an Pascals Mutter: „Sie können selbstverständlich gerne mitkommen."

Und so sitzt Pascal eine Minute später zum ersten Mal in einem Streifenwagen.

Nie hätte er gedacht, dass der langweilige Einkaufsbummel eine so dramatische Wendung nehmen würde!

In seinem Büro bietet der Kommissar Pascal und seiner Mutter Cola und Kaffee an. Dann meint er zu Pascal: „Und nun erzähl mal, was du gesehen hast. Jedes Detail kann wichtig sein."
Es ist nicht viel, was Pascal weiß. Der Kommissar hat sich ein paar Notizen gemacht. Nun klappt er einen Aktenordner auf und legt ihn vor Pascal auf den Tisch.

„Hier sind die Fotos von drei Männern",
sagt Kommissar Lehmann. „Es handelt
sich um berüchtigte Schmuckdiebe, die
derzeit auf freiem Fuß sind. Hast du eine
Idee, ob einer von ihnen der Täter
gewesen sein könnte?"
Pascal schaut sich die Gesichter an. Nein,
er weiß es nicht. Er hat den Räuber doch
nur von hinten gesehen. Aber Halt! Unter
den Fotos stehen Namen und persönliche
Merkmale der Männer:
Hans Munert, geboren 8.9.1980,
170 cm groß, 70 Kilo.
Wilhelm Jäger, geboren 18.4.1974,
181 cm groß, 112 Kilo.
Sören Jakob, geboren 29.7.1984,
194 cm groß, 74 Kilo.
Und jetzt hat Pascal doch einen Verdacht!

Wen verdächtigt Pascal?

Achtung,
Spürnase!
Hier kommt dein
Geheimtipp...

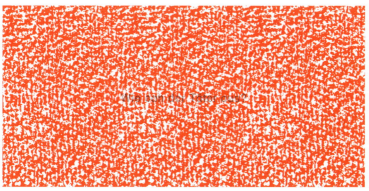

Die Rote Kolumbus

Jonas späht durch seine Brille und lächelt
zufrieden.

„Die da", sagt er und deutet auf eine
Briefmarke in seinem Album, die einen
Mann am Klavier zeigt, „ist meine
Lieblingsmarke."

Sein Kumpel Willi beugt sich über das
Album. „Ach ja? Und warum? Die sieht
doch aus wie jede andere Marke auch.
Und wenn man sie anlecken muss,
schmeckt's komisch."

Jonas greift sich an den Kopf. „Oh, du hast nun wirklich keine Ahnung vom Briefmarkensammeln", stöhnt er. „Diese Marke gehört zu meiner Mozart-Kollektion!"

Willi grinst. „Mozart? Kann die Marke auch Musik machen?"

„Sehr witzig", erwidert Jonas. „Und jetzt für dich zum Mitschreiben: Zu dieser Kollektion gehören alle deutschen Briefmarken, die anlässlich des Mozart-Jahres herausgegeben wurden. Und jetzt muss ich los. In der Aula der Schule ist heute eine Briefmarken Börse. Kommst du mit?" Willi zögert einen Moment. Aber da er nichts Besseres vorhat, willigt er ein.

Wenig später sind sie in der Schule. In der Aula stehen lange Tischreihen. Dahinter sitzen die Verkäufer. Ihre Schätze haben sie in unzähligen Kästen und Alben ausgebreitet. Die Aula ist bereits gut gefüllt, viele Briefmarkenfreunde haben sich eingefunden.

Mit großen Augen pirscht Jonas von Stand zu Stand. Das Jagdfieber hat ihn gepackt. Er hofft, eine seltene Marke oder vielleicht sogar eine komplette Sammlung günstig ergattern zu können. Willi dagegen trottet mit den Händen in den Hosentaschen herum, schaut mal hierher, mal dorthin, aber nie mit sonderlich großem Interesse.

Ganz anders Jonas. Gerade beugt er sich begeistert über ein Briefmarkenpaket mit Wildtieren. Zweihundert verschiedene Motive werden darin angeboten, aber der Preis ... Nein, so viel Geld hat Jonas gar nicht dabei.

„Hast Recht", meint Willi, „da kannst du lieber gleich in den Zoo gehen."

Wieder verdreht Jonas die Augen. Und da entdeckt er jemanden, den er hier lieber nicht sehen würde: Carsten aus der Parallelklasse. Der Junge sammelt wie Jonas Briefmarken, aber das ist auch ihre einzige Gemeinsamkeit. Jonas kann Carsten nicht leiden, weil Carsten immer alles besser weiß. Er ist ein echter Schlauberger.

„Hallo, Jonas!", ruft Carsten jetzt quer durch die Aula. „Suchst du was Besonderes?" Energisch winkt er Jonas heran.

Ergeben läuft Jonas zu ihm, Willi im Schlepptau. Mit einer großen Geste deutet Carsten auf die Marken vor sich. „Echte Raritäten", prahlt er. „Aber von manchen Sachen muss man sich auch mal trennen können, um neue Marken zu kaufen."

Stumm nickt Jonas. Rasch streifen seine Augen über Carstens Schätze. Nicht schlecht, muss Jonas insgeheim zugeben. Vor allem die Sammlung mit den Wintersportarten!

„Deine Sammlung ist ja gerade erst im Aufbau, soviel ich weiß. Ich kann dir da das eine oder andere überlassen", kündigt Carsten großzügig an.

„Nein danke", erwidert Jonas kühl. „Da ist nichts dabei, was mich interessiert."

„Finde ich auch", ergänzt Willi und grinst breit.

Carsten verschränkt die Arme vor der
Brust. „Kann ich mir kaum vorstellen. Ich
habe etwas, von dem du nur träumen
kannst, Jonas."

„So, was denn?"

„Eine Rote Kolumbus aus dem Jahr
1908", flüstert Carsten. „Aber die ist
unverkäuflich!"

Eine Rote Kolumbus, benannt nach dem
Entdecker Christoph Kolumbus? Die
würde sich Jonas gerne mal ansehen.

„Ich zeige sie dir", wispert Carsten, als könne er Gedanken lesen. Schon zieht er mit einer Pinzette aus einem Einsteckbuch eine Briefmarke hervor. „Bitte sehr, da ist sie – die Rote Kolumbus."
Jonas und Willi nehmen die Marke unter die Lupe.

Jonas Augen leuchten. Das ist wirklich
eine tolle Marke, die hätte er auch gern.
Sie zeigt einen stolzen Mann und ein
Schiff. Aus dem Jahr 1908! Wo Carsten
die nur herhat?

„Schalte 'nen Gang runter", empfiehlt
Willi, dem Jonas' Aufregung nicht
entgangen ist. „Das ist eine Fälschung."
Überrascht sieht Jonas seinen Kumpel an.

Was ist Willi aufgefallen?

Achtung,
Spürnase!
Hier kommt dein
Geheimtipp...

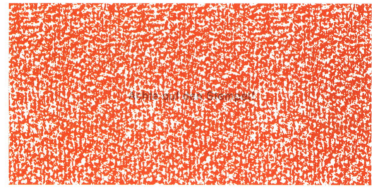

Der Mann mit dem Totenkopf

„Nicht zu fassen", meint Philipp beim
Frühstück und deutet auf die Zeitung. „Auf
dem Wochenmarkt hat ein Taschendieb
zugeschlagen und insgesamt fünf Leute
beklaut. Ich würde es bestimmt bemerken,
wenn mir ein Dieb in die Tasche greift."
„Da wäre ich mir an deiner Stelle nicht so
sicher", erwidert Clara, Philipps zwei
Jahre jüngere Schwester. „Diese Diebe
sind unheimlich geschickt."
Philipp lacht auf. „Das glaube ich nicht.

Und der Dieb auf dem Wochenmarkt wäre um ein Haar auch geschnappt worden. Steht jedenfalls hier."

„Lies doch mal vor", bittet Clara und schmiert sich noch ein Brötchen. Heute ist der erste Ferientag. Und während ihre Eltern bereits zur Arbeit gefahren sind, sind Clara und Philipp gerade erst aufgestanden.

„Als der Dieb versuchte, einem älteren Herrn die Brieftasche aus der Hosentasche zu ziehen, wurde er dabei zufällig von einer Marktfrau beobachtet", zitiert Philipp aus der Zeitung. „Die Frau warnte das Opfer. Der Mann konnte zwar den Diebstahl verhindern, aber nicht, dass der Dieb in der Menge entkam. Immerhin liegt der Polizei nun eine grobe Beschreibung des Täters vor. Demnach ist er ca. 180 cm groß, breitschultrig und hat eine Stirnglatze.

Zudem soll er eine auffällige Tätowierung am Unterarm haben – sie zeigt einen Totenkopf."

„Scheint ja wirklich ein unangenehmer Typ zu sein", meint Clara und beißt in ihr Brötchen mit Nuss-Nougat-Creme. Köstlich!

„Wie wahr", stimmt Philipp ihr zu und legt die Zeitung beiseite. „Bin mal gespannt, ob der sich noch mal in unserer Stadt blicken lässt. Denn jetzt sind die Leute doch gewarnt."

Clara nickt. „Und ich bin gespannt, ob unsere lieben Eltern an die Überraschung denken, die sie uns für unsere guten Zeugnisse versprochen haben!"

Am späten Nachmittag kommen ihre Eltern von der Arbeit heim. Und die Überraschung haben sie nicht vergessen. „Wir haben vier Karten für die 18-Uhr-Vorstellung des neuen Harry-Potter-Films gekauft!", rufen die Eltern. „Und danach gehen wir essen!"

Clara und Philipp sind begeistert. Ein echt cooles Abendprogramm!

Kurz darauf ist die Familie im Multiplex-Kino. Den Wagen haben sie im Parkhaus abgestellt. Im Kino dürfen sich die Kinder zwei riesige Tüten Popcorn und jeder eine Cola kaufen. Dann gehen sie in den dunklen, voll besetzten Kinosaal. Und schon geht es los.

Clara und Philipp finden den Film total
spannend. Es gibt jede Menge Action,
vor allem die Tricks sind einfach irre!
Viel zu früh geht das Licht wieder an, der
Film ist zu Ende.
„Wow, das war klasse!", sagt Clara zu
ihren Eltern. „Danke!"
„Gern geschehen", erwidert ihr Vater,
während sie sich Richtung Ausgang
schieben. „Und jetzt gehen wir essen.
Aber habt ihr überhaupt noch Hunger,
nachdem ihr so viel Popcorn verdrückt
habt?"

„Auf jeden Fall", antwortet Clara.

Als sie im vollen Kinofoyer sind, greift ihr
Vater in die Hosentasche, um das
Parkticket aus dem Portemonnaie zu
holen. Plötzlich hält er inne.

„Mein Geld ist weg!", ruft er entsetzt. Dann
sucht er seine Jacke ab. Aber auch dort
ist das Portemonnaie nicht.

„Es wurde gestohlen", sagt der Vater
fassungslos.

„Bestimmt war das ein Taschendieb",
vermutet seine Frau.

Ein Taschendieb?, denkt Clara. Dann war das garantiert der Mann, der auf dem Wochenmarkt zugeschlagen hat!

Ob er noch hier ist? Allzu weit kann er eigentlich nicht sein. Clara ruft sich die Details in Erinnerung, die sie über den Mann weiß. Dann springt sie auf einen Blumenkübel und hält Ausschau.

Mein Gott, sind hier viele Menschen!, denkt Clara mit leiser Verzweiflung. Doch dann stößt sie einen leisen Schrei aus.

Was hat Clara entdeckt?

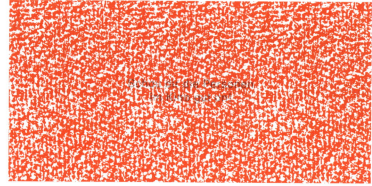

Nina hat einen Verdacht

Nina liebt den Supermarkt ihrer Mutter.
Diese Welt fasziniert sie. Die scheinbar
endlosen Regale, bis zum Rand gefüllt
mit Köstlichkeiten wie Schokolade und
Waffeln. Oder die Obsttheke mit den
exotischen Früchten! Ebenso spannend
findet Nina es, in einem so großen
Geschäft die Übersicht zu behalten. Ihre
Mutter weiß immer genau, was fehlt und
nachbestellt werden muss. Oft schaut

Nina nach der Schule im Supermarkt
vorbei. Manchmal macht sie sich auch
nützlich. Denn später, das steht für Nina
fest, will sie auch mal einen Supermarkt
leiten. So wie ihre Mama.
Heute ist Montag. Nina hilft Frau Müller in
der Babykostabteilung dabei, die
Gläschen mit Obstbrei ins Regal zu
stellen. Frau Müller erzählt vom
Wochenende.

„War das anstrengend!", jammert sie.
„Den ganzen Samstag sind wir durch die
Innenstadt gezogen, von Geschäft zu

Geschäft. Erst habe ich ein Parfüm für meine Mutter gekauft. Die hat nämlich morgen Geburtstag. Dann habe ich einen Schlips für meinen Mann und ein Tretauto für meinen Sohn besorgt. Danach war ich total erledigt, das kannst du mir glauben! Und Sonntag waren wir bei meinen Schwiegereltern, auweia! Nach so einem Wochenende brauchst du erst mal ein Wochenende, um dich zu erholen."
Nina grinst in sich hinein. Warum machen sich die Leute ausgerechnet am Wochenende immer so viel Stress?
Später ist Nina im Getränkelager. Herr Denker, der die Getränkekästen sortiert, hat ihr eine kleine Flasche Fanta geschenkt. Auch er erzählt vom Wochenende. Er prahlt damit, wie er bei einem Handballturnier ganz viele Tore geworfen hat. Deshalb hätte seine

Mannschaft dann einen großen Pokal gewonnen.

„Wir haben die anderen Mannschaften regelrecht aus der Halle gefegt", strahlt er und wuchtet einen vollen Getränkekasten auf eine Palette. Er wischt sich den Schweiß von der Stirn.

„Irgendwie habe ich Hunger", meint Herr Denker jetzt. „Ich schau mal an der Wursttheke vorbei. Kommst du mit?"

Auch Nina hat Appetit. Vor allem, weil sie weiß, dass die Verkäuferin Evelyn Struteböhl ihr immer ein paar Scheiben Salami zusteckt. So auch heute.

Nina genießt die würzige Wurst mit geschlossenen Augen. Einfach lecker! Nur halb hört sie zu, was Frau Struteböhl gerade mit ihrer Kollegin bespricht.

„Mit meinem Hans an einem Samstagnachmittag im Möbelhaus, das

ist die Höchststrafe!", beschwert sie sich.
„Der hat doch nur die Bundesliga im Kopf
und Angst, dass er die Sportschau
verpasst. Ständig hat er gedrängelt, dass
wir endlich gehen sollen. Nein, das hat
wirklich keinen Spaß gemacht. Aber den
Couchtisch, den ich haben wollte, haben
wir doch noch gekauft."
Wieder muss Nina lächeln. Dann läuft sie
zu ihrer Mutter, um sie zu fragen, ob sie
auch Hunger hat.
Ninas Mutter sitzt in ihrem kleinen Büro
und sieht gar nicht glücklich aus.

„Was ist denn mit dir los?", fragt Nina.

„Die Kaffeekasse wurde gestohlen", sagt ihre Mutter tonlos. „Du weißt schon, die kleine Geldkassette. Hier aus meinem Büro. Zu dumm, dass ich es nie abschließe. Und das Schlimme ist, dass es nur einer von meinen Angestellten gewesen sein kann. Denn nur sie wissen von der Existenz dieser Kasse."

Nina schluckt. Sie kennt doch alle Angestellten und kann sich nicht vorstellen, dass jemand von ihnen ein Dieb sein soll.

Traurig schüttelt ihre Mutter den Kopf. „Ich bin einfach nur enttäuscht. Schließlich mag ich meine Leute doch und vertraue ihnen. Ich glaube, es ist besser, wenn du jetzt nach Hause gehst, Nina."

Langsam nickt Nina. Auch sie ist total geknickt. Nachdenklich läuft sie in den

kleinen Raum, wo sich die Angestellten
umziehen. Dort kramt sie umständlich
ihren Fahrradschlüssel aus der Tasche,
der ihr dabei prompt zu Boden rutscht.
Nina bückt sich, um den Schlüssel
aufzuheben. Dabei fällt ihr Blick unter
eine Bank. Seltsam, jemand hat dort eine
Plastiktüte versteckt. Ganz hinten.
Was soll denn das?, überlegt Nina. Sie
zögert. Doch dann siegt ihre Neugier. Sie
holt die Tüte hervor und schaut hinein. Ihr
Mund klappt auf: In der Tüte ist die kleine
Geldkassette!

Die Kaffeekasse!, durchfährt es Nina. Ihr
Herz pocht wie wild.
Aber wem gehört die Tüte? Nina schaut
sie genauer an. Es handelt sich um eine
ganz normale weiße Plastiktüte mit der
Werbung eines Parfümherstellers darauf.
Nina zuckt die Schultern. Dann denkt sie
weiter scharf nach. Und plötzlich, ja
plötzlich hat Nina einen Verdacht!

Welchen?

Achtung,
Spürnase!
Hier kommt dein
Geheimtipp...

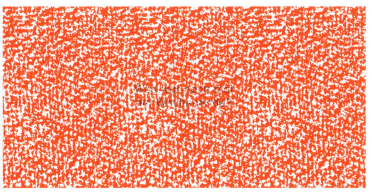

Der rätselhafte Professor

Weihnachten bei Opa Waldemar zu feiern,
das ist für Lukas das Größte. Denn bei
Opa Waldemar ist Weihnachten immer
etwas anders. Er ist Professor für
Mathematik und liebt Rätsel, genauso wie
Lukas. Der Junge weiß vom letzten Fest,
dass sein Opa die Geschenke nicht
einfach so verteilt. Nein, er wird aus der
Bescherung ein Spiel machen, ganz
sicher. Ein höchst rätselhaftes Spiel.

Nun sitzt Lukas mit vor Aufregung roten Wangen in Opa Waldemars Wohnzimmer. Neben ihm auf der Couch hocken seine Eltern, trinken Punsch und unterhalten sich mit Opa. Festliche Musik klingt aus den Boxen, der Baum ist geschmückt, im Kamin knistert ein Feuer. Aber Geschenke sind nirgends zu sehen. Lukas wünscht sich ein ferngesteuertes Rennauto. Aber wird er es auch bekommen?

Eine Stunde vergeht, dann die nächste. Lukas leidet still. Endlich wendet sich Opa Waldemar an ihn.

„Na, du kannst es wohl kaum erwarten, oder?", fragt er.

Lukas nickt eifrig.

Sein Opa schmunzelt. „Du weißt ja, einfach so Geschenke verteilen kann jeder. Also werde ich dir wieder Aufgaben stellen. Dein Geschenk besteht aus zwei

Teilen, die du finden musst. Hast du Lust?"

„Und wie!", platzt Lukas heraus.
Opa Waldemar führt ihn in den Flur mit der Garderobe und dem Schuhregal.
„Hier siehst du fünf durchnummerierte Türen", sagt Opa Waldemar zu Lukas.

„Hinter einer ist der erste Teil des Geschenks versteckt. Ich werde dir jetzt eine Mathe-Aufgabe stellen. Die Lösung führt zur richtigen Tür."

Er drückt Lukas ein Blatt Papier mit
Zahlen in die Hand. Lukas soll die
fehlende Zahl einer Reihe ergänzen.
Diese Reihe lautet:

$$48, 17, 24, 34, 12,$$
$$68, 6, 136, \ldots?$$

Lukas runzelt die Stirn. Das ist gar nicht
so leicht. Er leiht sich von Opa einen
Bleistift und beginnt sich Notizen zu
machen. Mal zieht er eine Zahl von einer
anderen ab, dann rechnet er sie hinzu. So
probiert Lukas eine Weile alles Mögliche
aus – bis er die richtige Lösung hat. Die
erste Zahl hat sich immer halbiert, die
zweite verdoppelt. Also muss die fehlende
Zahl eine 3 sein!
Mit klopfendem Herzen öffnet Lukas die

Tür, an die Opa Waldemar einen Zettel mit der Zahl 3 befestigt hat. Seine Augen werden groß: Auf dem Tisch liegt eine Fernsteuerung für ein Modellauto!

„Gut gemacht!", lobt Opa Waldemar seinen Enkel.

Lukas freut sich. Sieht ganz so aus, als würde Opa Waldemar ihm seinen größten Wunsch erfüllen!

„Tja, aber irgendwie fehlt da noch was, oder?", meint Opa jetzt und grinst.

„Vielleicht etwas, was vier Räder hat ..." Lukas lächelt zurück. „Komm, stell mir die nächste Aufgabe!"

„Nur zu gern", erwidert Opa Waldemar. Hinter seinem Rücken zieht er ein weiteres Stück Papier hervor. „Hier, bitte sehr!"

Lukas starrt auf das Schriftstück. Oje, was soll denn das sein?

Der Junge dreht und wendet das Papier in seinen Händen, wird daraus jedoch zunächst nicht schlau. Aber sein Ehrgeiz ist geweckt. Lukas mag Rätsel, und er wird auch diese Nuss knacken. Außerdem will er das ferngesteuerte Auto haben. Er grübelt und grübelt. Und nach einer Weile geht ein Leuchten über Lukas' Gesicht. Er weiß jetzt, wo das Auto versteckt ist!

Wo ist das Auto?

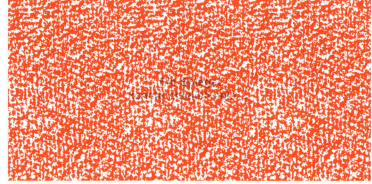

Ein klarer Fall für coole Kids

Jesper schaut in den Spiegel und rückt seine schwarze Sonnenbrille zurecht. Noch einmal fährt er sich durch das Haar. Viel Gel, so muss es sein! Keine Frage, heute sieht Jesper wieder unverschämt cool aus. Das muss er auch, denn schließlich gehört Jesper zur Clique der „Coolen Kids". Die Kids lieben Schach, Pommes, Fußball und ihre ultracoolen Sonnenbrillen.

Pfeifend verlässt Jesper das Haus und läuft zum nahe gelegenen Hauptquartier der „Coolen Kids". Die Sonne scheint, es ist ein herrlicher Tag. Auf dem Weg kommen ihm seine Freunde entgegen – Freddy und Nicolas. Auch sie tragen selbstverständlich schwarze Sonnenbrillen. Freddy hat einen Fußball dabei. Sie kicken den Ball auf der Straße hin und her. Kurz darauf erreichen sie ihr Ziel, einen großen, wunderbar verwilderten Garten. Der Garten gehört zum Haus, in dem ihr Kumpel Paul wohnt. Dort wollen sie Fußball spielen, zwei gegen zwei.

Paul erwartet sie schon. Er hat eine schwarze Sonnenbrille auf der Nase, logo. Sie laufen ein Stück in den Garten hinein. Da taucht auch schon ihr Hauptquartier auf. In der Krone einer mächtigen Buche

haben sich die „Coolen Kids" ein
Baumhaus gebaut. Eine Strickleiter führt
hinauf. Das Baumhaus hat ein richtig
gedecktes Dach, zwei Fenster und einen
Raum, in dem die vier „Coolen Kids"
locker Platz finden.

In den Ferien haben sie da schon ein paarmal übernachtet. Auf der kleinen Veranda mit Geländer steht ein Eimer mit faulem Obst. Das sind prima Geschosse, wenn mal wieder die „Best Boys" um das Baumhaus herumschleichen. Die „Best Boys" sind eine Clique von Jungs, die die „Coolen Kids" nicht leiden können. Die Abneigung beruht auf Gegenseitigkeit. Und an einem Mast neben dem Baumhaus weht eine Fahne, weiß mit einer schwarzen Sonnenbrille drauf. Oder?

„He!", ruft Jesper entsetzt. „Wo ist unsere Fahne?"

Seine Freunde schauen nach oben.

„Weg!", erkennt Paul fassungslos. Sofort holen sie die Strickleiter und klettern zum Baumhaus hinauf. Keine Spur von der Fahne, dafür hängt ein Zettel an der Tür.

„Das waren garantiert die Boys!", entfährt
es Jesper. „Die haben unsere Fahne
geklaut."
„Na wartet, die können was erleben",
meint Nicolas entschlossen. Freddy nickt.
„Denen sollten wir einen Besuch abstatten.
Und zwar jetzt sofort!"

Das Hauptquartier der „Best Boys"
besteht aus einem alten Bauwagen, der
versteckt im Wald steht. Nichts
Besonderes, kein Vergleich zum Baumhaus der „Coolen Kids". Auf dem Platz vor
dem Bauwagen stehen verschiedene
Warnschilder. „Vorsicht, bissige Boys!",
„Auf Nimmerwiedersehen, Kids!" und
„Kein Zutritt, Boys-Sperrgebiet" ist dort
zu lesen.

Darüber können die „Coolen Kids" nur
müde lächeln. Sie bollern gegen die Tür
das Bauwagens. Schon erscheint Bodo,
der Anführer der „Boys". Sofort verschränkt
er die Arme vor der Brust. „Was wollt ihr
Gummibärchen denn hier?", fragt er.
„Die Fahne, was sonst?", erwidert Jesper
kühl.

Bissige
Boys

Hinter Bodo tauchen seine Freunde auf.
Bodo kratzt sich am Kopf. „Fahne? Wisst
ihr, was die Brillenschlangen meinen,
Jungs?"

Seine Freunde schütteln die Köpfe und
lachen.

„Rückt die Fahne raus!", rufen die „Coolen
Kids".

Doch Bodo bleibt dabei: Sie haben die
Fahne nicht.

Etwas ratlos schauen sich Freddy,
Nicolas und Paul an. Sollen sie zum
Angriff übergehen? Doch Jesper grinst
plötzlich breit. „Bleibt cool, Jungs. Die
Kerle lügen, dass sich die Balken biegen."

„Wir?", fragt Bodo entrüstet. „Wie kommst
du denn darauf?"

Was ist Jesper aufgefallen?

Achtung, Spürnase!
Hier kommt dein
Geheimtipp...

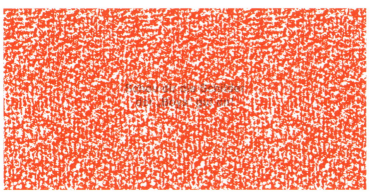

Schock in der Geisterbahn

„Komm, Papa, hier lang!", ruft Finja. Ihre
Wangen glühen vor Aufregung. Gerade ist
sie mit ihrem Vater Achterbahn gefahren,
jetzt will sie in die Geisterbahn.
„Nicht so schnell", lacht ihr Vater. „Ich
möchte erst mal Zuckerwatte kaufen!"
Zuckerwatte? Auch keine schlechte Idee!,
denkt Finja. Oh, sie liebt die Kirmes. Von
ihr aus könnte jeden Tag Kirmes sein.
Wildwasserbahn, Autoskooter, Riesenrad:

Das ist ihre Welt. Aber zwischendurch mal eine Zuckerwatte oder einen Paradiesapfel – warum nicht? In Rekordzeit verdrückt Finja die Zuckerwatte. Dann schleppt sie ihren Vater zur Geisterbahn „Nightmare". „Das muss ein echter Knüller sein", erzählt sie ihrem Vater. „Die haben da jemanden, der den Geist spielt und die Leute erschreckt."

Kurz darauf erreichen sie dann das „Nightmare". Es ist ein pechschwarzes Fahrgeschäft mit jeder Menge Mumien. Finja und ihr Vater stehen am Kassenhäuschen an. Dort sitzt ein dicker Mann und verkauft die Tickets. Neben ihm dudelt ein Radio. Nun sind sie an der Reihe. „Zweimal bitte", sagt Finjas Vater. In diesem Moment dröhnt eine Stimme aus dem Radio: „Jetzt haben wir 16:20 Uhr.

Zeit für die Halbzeitergebnisse der Bundesliga ..."

„Psst", macht Finjas Vater. „Das muss ich hören." Finjas Papa ist ein glühender Fußball-Fan. Zum Glück führt sein Verein mit 1:0.

Endlich sitzen sie in einem der kleinen Wagen der Geisterbahn. Schon geht's los! Das Wägelchen ruckelt durch eine große Schwingtür. Schlagartig wird's zappenduster. Ein Heulen wird laut. Dann ertönt ein markerschütternder Schrei. Ein schwaches rotes Licht glimmt auf. Finja erkennt, dass sie durch einen schmalen Stollen rumpeln. Ein Krachen, ein Splittern – die Decke stürzt auf sie herab!

Doch genau über ihren Köpfen wird sie gebremst. Finja bläst die Backen auf – nicht schlecht! Jetzt ist es wieder stockdunkel. Und urplötzlich rast der Wagen steil bergab – freier Fall! Finja schreit auf, sie hat den Abgrund nicht kommen sehen.

Dann geht es wieder ein Stück geradeaus. Nebel macht sich breit, es zischt und pufft, dampft und stampft. Es scheint, als ob der Boden brodelt. Scheinwerfer blitzen auf, durchschneiden den Nebel wie Messer aus Licht, blenden Finja. Sie schließt die Augen. Da, eine Hand an ihrer Schulter, in ihrem Gesicht! Ist das gruselig!

Finja dreht sich weg, duckt sich – was ist das? Finja reißt die Augen auf. Da ist eine Gestalt, gleich neben dem Wagen. Das ist bestimmt der Geist, denkt Finja. Er sieht aus wie eine Mumie. Ein Donner, die Lichter flackern! Jetzt greift der Geist nach ihrem Vater. Eine scharfe Kurve, der Wagen rattert durch einen Wald aus Skeletten. Noch einmal ertönt ein grausiges Lachen – dann ist die Fahrt auch schon zu Ende.

Lachend springen Finja und ihr Vater aus dem Wagen. Das war wirklich klasse! Sie bummeln weiter über die Kirmes, fahren mit der Wildwasserbahn und drehen ein paar Runden im Kettenkarussell. Die Zeit vergeht wie im Flug.

Um 18:15 Uhr will Finjas Vater einen Freund anrufen, um die Fußball-Endergebnisse zu erfahren. Er greift in seine Brusttasche. Dort hat er immer sein Handy. Aber es ist weg!

„Es wurde gestohlen!", ruft Finjas Vater. „Das gibt es doch gar nicht!" Er denkt scharf nach. Und dann hat er auch schon einen Verdacht. „Das war bestimmt dieser komische Geist in der Achterbahn. Er hat mich schließlich angefasst! Dabei konnte er mir das Handy stehlen."

Wütend stapft er zurück zur Geisterbahn. Der Mann an der Kasse ist entsetzt, als er von dem Verdacht hört.

„Ich habe zwei Angestellte, die den Geist spielen", sagt er. „Herr Thanner und Herr Murr wechseln sich alle zwei Stunden ab. Um halb sieben ist Herr Thanner wieder dran."

„Ich will mit beiden sprechen", verlangt Finjas Vater. „Und am besten holen wir gleich die Polizei, damit sie herausfindet,

wer von den beiden Herren der Täter ist."
Da meldet sich Finja: „Nicht nötig, das
liegt doch auf der Hand!"

Wieso?

Achtung! Spürnase! Hier kommt dein Geheimtipp...

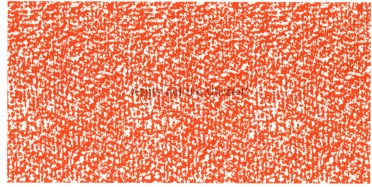

Mops ist weg!

Wie jeden Abend läuft Winni zur Villa von
Onkel Bob, der als Besitzer eines
Modehauses ein Vermögen verdient hat.
Um sein Taschengeld aufzubessern, will
Winni Onkel Bobs Dackel ausführen. Laut
Stammbaum heißt der Dackel Tibor von
Terenci. Doch Winni nennt den Dackel
heimlich nur „Mops" – weil er auf seinen
kurzen, krummen Beinen einen enormen

Bauch transportiert, der fast auf dem Boden schleift. „Mops" ist dick und ziemlich hässlich, aber brav und treu. Und deshalb liebt Onkel Bob seinen übergewichtigen Dackel über alles. Sie sind sozusagen richtig dicke Freunde. Bevor Winni den Klingelknopf drücken kann, reißt Onkel Bob die Tür auf.

„Er ist weg!", ruft er mit rotem Gesicht.

„Wer?"

„Tibor, wer denn sonst?", jammert Onkel Bob. „Er muss im Laufe des Nachmittags, als ich noch in der Firma war, entführt worden sein. Aus dem Garten, wo er doch immer frei herumlaufen kann."

Fassungslos folgt Winni seinem Onkel ins Wohnzimmer.

„Hör dir das an", sagt Onkel Bob und tupft sich die Stirn mit einem Taschentuch ab. Dann drückt er einen Knopf auf seinem

Anrufbeantworter. Eine merkwürdig verzerrte Stimme ertönt: „Ihr Hund ist in meiner Gewalt. Wenn Sie ihn lebend wiedersehen wollen, holen Sie noch heute zehntausend Euro aus Ihrem Tresor im Büro."

Es folgt ein Niesen, dann: „Sie werden das Geld bereithalten, bis ich wieder anrufe. Dann werden Sie weitere Anweisungen zur Geldübergabe erhalten. Und keine Polizei!"
Es knackt, der unheimliche Anrufer hat aufgelegt.

Seufzend lässt sich Onkel Bob in einen
der Ledersessel plumpsen.
„Ich muss auf die Forderung des
gemeinen Kerls eingehen", sagt er. „Was
sind schon zehntausend Euro, wenn ich
dafür meinen süßen Tibor
wiederbekomme?"

Das findet Winni auch. Aber so einfach
will er es dem Erpresser nicht machen.
„Der Kerl scheint aus deiner Firma zu
kommen", sagt Winni.
Onkel Bob sieht ihn überrascht an. „Wie
kommst du denn darauf?"

„Das ist doch logisch. Der Erpresser weiß, dass du im Büro einen Tresor hast", erläutert Winni. „Und das wissen schließlich nur deine Angestellten, oder?" Bedächtig nickt Onkel Bob. „Ja, doch das macht es ja noch schlimmer. Einer meiner Leute soll ein fieser Erpresser sein ..."
„Aber jetzt haben wir schon einmal eine erste Spur", meint Winni. Er geht im Wohnzimmer auf und ab. „Wenn der Täter einer deiner Mitarbeiter ist, wer käme dann infrage?"
Hilflos hebt Onkel Bob die Schultern. „Ich vertraue eigentlich allen."
Abrupt unterbricht Winni seine Wanderung. „Mir kommt da eine Idee. Wenn Mops – äh, Entschuldigung – Tibor nachmittags entführt wurde, dann kann es nur jemand gewesen sein, der zu diesem Zeitpunkt nicht in der Firma war."

Onkel Bob sieht Winni an wie eine Kuh auf Schlittschuhen. „Worauf willst du hinaus?"

„Es muss jemand sein, der freihatte oder krank ist", verdeutlicht Winni. „Sonst hätte er ja in deinem Modegeschäft gearbeitet und keine Zeit gehabt, deinen Mo... Tibor zu entführen!"

Onkel Bob wiegt den Kopf. „Ja, da könntest du Recht haben ..."

„Lass uns logisch vorgehen", schlägt Winni vor. „Wer war heute Nachmittag nicht in deiner Firma?"

Onkel Bob überlegt einen Moment. Dann zählt er auf: „Herr Meier ist auf Mallorca im Urlaub, Herr Kunze wandert durch Tirol und Herr Wigger ist auf den Malediven. Und zwei meiner Leute haben sich gestern krank gemeldet. Herr Grasinski ist von der Leiter gefallen und hat sich ein

Bein gebrochen. Und Herr Lorenz hat die Grippe. Das dürften alle sein, die im Moment fehlen."

Winni hat seine Wanderung wieder aufgenommen. Plötzlich schnippt er mit den Fingern.

„Du hast fünf Verdächtige genannt – aber nur einer von ihnen kann der Täter sein!"

Wen verdächtigt Winni?

Achtung, Spürnase!
Hier kommt dein
Geheimtipp...

Heiße Spur im kalten Schnee

Der Wecker klingelt. Lisa schreckt hoch
und drückt den Knopf, der den
Krachmacher verstummen lässt. Noch
etwas müde reibt sich Lisa die Augen.
Dann springt sie aus dem Bett und zieht
die Rollläden hoch.
Wow, das ist ja super!, freut sich Lisa.
Über Nacht ist jede Menge Schnee
gefallen! Die Landschaft ist unter einer
weißen Decke verschwunden. Lisa ist
über das Wochenende bei ihrem Onkel zu

Gast. Er lebt auf einem Bauernhof in den Bergen. Lisa liebt den Winter und den Schnee. Vor allem, wenn auch noch die Sonne scheint, so wie jetzt. Nach dem Frühstück will sie gleich Schlitten fahren. Wie der Wind saust Lisa ins Bad und wäscht sich. Dann flitzt sie zum Frühstück.

„Kommst du mit in den Stall, um frische Milch zu holen?", fragt ihr Onkel.

„Klar!", ruft Lisa. Frische Kuhmilch, was gibt es Besseres? Außerdem freut sich Lisa auf ihre Lieblingskuh Rosi.

Zwanzig Kühe hat ihr Onkel im Stall, aber Rosi gibt am meisten Milch. Außerdem hat Rosi die schönsten Augen, findet Lisa. Richtig große, braune, warme Kuhaugen. Kurz darauf stapft Lisa mit ihrem Onkel zum Stall. Herrlich, wie der Schnee unter den Schuhen knirscht!

Doch als sie den Stall erreichen, ist Lisas gute Laune schlagartig verflogen. Das Tor wurde aufgebrochen!

„Oje, Einbrecher!", ruft Lisas Onkel erschrocken.

Ängstlich späht Lisa in den Stall. Sie zählt die Kühe durch – es sind nur neunzehn! Und ausgerechnet Rosi fehlt! Lisa würde am liebsten heulen.

„Das war bestimmt der Huber!", vermutet ihr Onkel. „Der ist schon lange neidisch auf die Milchleistung von Rosi!"

Huber ist auch Bauer. Ihm gehört der benachbarte Hof. Seit einigen Jahren streitet er sich mit Lisas Onkel über alles Mögliche. Ob der Nachbar wirklich hinter der Tat steckt? Ein Verdacht reicht nicht, weiß Lisa. Beweise müssen her! Sie sieht sich erst im Stall, dann davor um.

„Ich glaube wir sollten deinen Nachbarn
mal einen Besuch abstatten", sagt sie
nach einer Weile nachdenklich.

„Das meine ich aber auch", erwidert ihr
Onkel finster.
Kurz darauf klingeln sie beim Nachbarn.

Huber öffnet die Tür und verschränkt die
Arme vor der Brust.
„Was wollt denn ihr?", fragt er unfreundlich.

„Rosi natürlich!", prescht Lisa vor. „Sie ist verschwunden!"

„Na und? Was habe ich damit zu tun?", fragt Huber.

„Du bist schon lange neidisch auf meine Rosi", sagt Lisas Onkel. „Könnte doch sein, dass du sie dir mal ... ausgeliehen ... hast!"

Huber tippt sich die Stirn. „Eine Kuh ausleihen? Du hast ja einen Vogel, Herr Nachbar!"

„So eine Kuh löst sich ja nicht einfach in Luft auf, oder?", meint Lisa herausfordernd.

Huber grinst. „Mein Traktor ist jedenfalls in der Reparatur, Kleine, falls du darauf anspielst. Du bist auf dem Holzweg. Und jetzt verlasst meinen Hof. Ich habe keine Lust, mir eure bösen Verdächtigungen noch länger anzuhören!"

Widerstrebend gehen Lisa und ihr Onkel.

Er mit grimmiger Miene, Lisa mit einem feinen Lächeln um die Lippen.

„War ja klar, dass er alles abstreitet", meint Lisas Onkel niedergeschlagen. „Ich fürchte, ich muss die Polizei einschalten." „Gute Idee", erwidert Lisa, die immer noch lächelt. „Und die Polizei sollte sich mal in Hubers Stall umsehen. Der Kerl hat nämlich vorhin gelogen."

Wie kommt Lisa darauf?

Achtung, Spürnase!
Hier kommt dein
Geheimtipp...

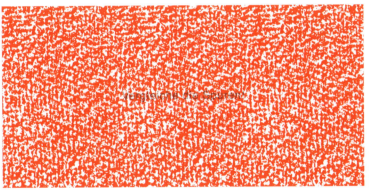

Der Schlüssel zur Lösung

Chiaras Geburtstage standen schon immer unter einem bestimmten Motto. Vor zwei Jahren, als Chiara sechs Jahre alt geworden war, hatten sie ein spannendes Ritterfest gefeiert, mit Bogenschießen und Ringstechen. An ihrem siebten Geburtstag war es ein Römerfest gewesen, bei dem sich alle in wallende weiße Gewänder gehüllt und im Liegen gegessen hatten – wie die alten Römer eben. Und in diesem Jahr freut sie sich auf ein Detektivfest. Bei den Vorbereitungen hat Chiaras Vater besonders mitgeholfen. Kein Wunder, schließlich ist er ja auch Kommissar.

Aber zuerst gibt's Kuchen und Kakao. Chiara und ihre neun Gäste sitzen um den Gartentisch. Der Kuchen ist sensationell und die Stimmung einfach prächtig. Im Hintergrund wuseln Chiaras Eltern herum und tun geheimnisvoll. Vor allem ihr Vater.

Chiara kann es kaum erwarten, bis ihre Gäste satt sind und das Detektivspiel losgeht. Die Kinder werden in zwei Gruppen aufgeteilt und sollen sich pfiffige Namen für ihre Teams ausdenken.

„Wir sind die Knobelköpfe", schlägt Chiara vor.

„Und wir die Spürnasen", ruft die andere Gruppe.

Nun bekommen beide Teams von Chiaras Vater Aufgaben, die sie möglichst schnell lösen sollen.

„Passt gut auf", rät Chiaras Vater. „Jede Gruppe erhält von mir jetzt ein Blatt Papier. Auf dem Blatt sind sechs Fingerabdrücke zu sehen. Zwei davon stimmen überein. Und genau diese beiden sollt ihr mir rasch nennen!"

„Stammen die Abdrücke von echten Verbrechern?", will eines der Kinder mit großen Augen wissen.

Chiaras Vater lacht. „Na klar. Und jetzt legt los!"

Chiara schnappt sich das Blatt und legt es so auf den Boden, dass ihre Freunde auch alles gut erkennen können. Die Spürnasen brüten am Tisch über der Aufgabe. Chiaras Eltern haben sich mit Stoppuhren bewaffnet und nehmen die Zeit ab.

„Puh!", denkt Chiara laut, „das ist schwieriger, als es auf den ersten Blick scheint!" Diese feinen Linien, das ist echt verwirrend! Aber nach zwei Minuten ist ihre Gruppe überzeugt, die richtige Antwort zu kennen – genau dreißig Sekunden vor den Spürnasen.

„Die Abdrücke zwei und fünf stimmen überein!", ruft Chiara.

Ihr Vater nickt. „Gut beobachtet."

Auch die andere Gruppe hat die

Übereinstimmung erkannt, war aber nun einmal etwas langsamer. Chiara und ihre Knobelköpfe gehen in Führung! Doch allzu lange können sie sich nicht darüber freuen. Denn bei der nächsten Aufgabe sind sie einen Tick langsamer als die Spürnasen. Dabei erhielten die Kinder von Chiaras Vater einen Gipsabdruck und zwanzig Paar Schuhe. Dann sollten sie ermitteln, von welchem Schuh der Abdruck stammt.

Jetzt steht es also unentschieden.

„Die dritte Aufgabe wird entscheiden!", ruft Chiaras Vater. Hinter seinem Rücken zaubert er ein altes Schmuckkästchen hervor. Chiara hat es schon einmal gesehen. Das Kästchen ist reich verziert und hat ein richtiges Schloss. Chiaras Mutter hat es irgendwann einmal geerbt. Und jetzt setzt ihr Vater das Kästchen auf dem Tisch ab. Dann zieht er einen Schlüsselbund hervor.

„Dieser Bund hat fünf Schlüssel. Einer davon passt ins Schloss des Kästchens", erklärt er. „Eure Aufgabe ist es, das Kästchen mit möglichst wenigen Versuchen zu öffnen. Die Spürnasen beginnen!"

Augenblicklich beginnen die Kinder dieser Gruppe damit, nacheinander die fünf Schlüssel auszuprobieren.

Währenddessen müssen sich die Knobelköpfe umdrehen, um nicht zu sehen, welcher Schlüssel passt.
Und die Spürnasen haben mächtig Glück – bereits der zweite Schlüssel ist der richtige!

„Nicht schlecht!", loben Chiaras Eltern. „Jetzt sind die Knobelköpfe an der Reihe." Schon will ein Junge aus dieser Gruppe die Schlüssel ausprobieren. Doch Chiara stoppt ihn.

„Um besser als die Spürnasen zu sein, müssen wir das Kästchen bereits mit dem ersten Schlüssel öffnen!", warnt sie.
Ihre Freunde sehen sie fragend an.
„Lasst mich nur machen", meint Chiara selbstsicher. Zunächst schaut sie sich das Schloss genau an – dann die Schlüssel.

Und schließlich wählt sie im ersten Versuch genau den richtigen Schlüssel.

Welcher Schlüssel ist der richtige?

Lösungen

Die goldene Katze

Auf dem Sockel der Katze ist eine Seriennummer eingraviert. Und so etwas gab es vor 3500 Jahren noch nicht.

Am helllichten Tag

Das Auto der Täter steht in der mittleren Reihe auf dem vierten Platz von rechts. Du erkennst es am Kennzeichen.

M-RL 93

Der vergrabene Schatz

Der Code lautet: 1 = a, 2 = e, 3 = i, 4 = o und 5 = u. Lösungssatz: Grabt unter der großen Eiche.

Der Fahrraddieb

Das gesuchte Rad steht auf der linken Seite. Es ist das vierte Rad von vorne und ist am Bayern-München-Wimpel zu erkennen.

Jagd auf Mister X

Helsinki ist die Hauptstadt von Finnland, nicht von Schweden.

Wenn es Mitternacht schlägt …

Auf dem alten Sessel liegt ein Kassetten-rekorder. Von dort stammen die Geräusche.

Böses Foul

In der Umkleide sind nur noch zehn Taschen – es müssten aber elf sein.

Alarm auf Deck 11

Die gesuchte Taschenuhr befindet sich rechts im Bild unter dem kleinen Koffer mit dem Fernrohr.

Der elegante Herr Busedomm

In der Mitte der Vitrine fehlt der erste Ritter von links.

Betrug auf der Rennbahn

Hans erwähnte nicht, dass seinem Pferd etwas ins Wasser geschüttet wurde. Aber genau das wusste Miehle ...

Der Juwelenraub

Sören Jakob. Er ist als Einziger groß und dünn.

Die Rote Kolumbus

Es gibt keinen 31. Juni!

179

Der Mann mit dem Totenkopf

Der Mann ganz rechts, der sich an der Säule abstützt, hat eine Totenkopf-Tätowierung am Unterarm.

Nina hat einen Verdacht

Frau Müller erzählte, dass sie für ihre Mutter ein Parfüm gekauft hat. Also wird Frau Müller die Tüte gehören!

Der rätselhafte Professor

Spiegelschrift: Das Auto parkt im Schuhregal.

Ein klarer Fall für coole Kids

Auf einem der vielen Warnschilder im
Hintergrund ist „doof" mit einem o geschrieben.
Wie auf dem Zettel, der am Baumhaus hing.

Schock in der Geisterbahn

Nur Herr Thanner kann der Täter gewesen
sein – denn er hatte zum Tatzeitpunkt
(= 16:20 Uhr) Dienst als Geist.

Mops ist weg!

Winni verdächtigt Herrn Lorenz. Denn auf der
Aufnahme ist ein Niesen zu hören. Und Herr
Lorenz ist wegen einer Grippe krank gemeldet!

Heiße Spur im kalten Schnee

Sowohl auf den Seiten 162/163 als auch auf Seite 164 sind frische Traktorspuren. Dabei ist doch Hubers Traktor angeblich in der Reparatur!

Der Schlüssel zur Lösung

Der erste Schlüssel von links passt.

Fabian Lenk, geboren 1963, lebt mit seiner Frau und seinem Sohn in der Nähe von Bremen und ist als leitender Redakteur in einer Tageszeitung beschäftigt. Er liebt Musik, Brettspiele, Fußball und den Nervenkitzel. Deshalb denkt er sich gerne spannende Geschichten aus. 1996 erschien sein erster Kriminalroman für Erwachsene, dem bald mehrere weitere folgten. Inzwischen schreibt er überwiegend für Kinder und Jugendliche und hat zahlreiche historische Romane, Mirategeschichten und Krimis veröffentlicht, die in viele Sprachen übersetzt wurden.

Wilfried Gebhard hat Grafik und bildende Kunst studiert. Danach arbeitete er zunächst in einer Werbeagentur, aber dort waren seiner Fantasie zu viele Grenzen gesetzt: Auf dem Papier entstand ein Cartoon nach dem anderen. Sie erschienen bald in zahlreichen Magazinen und Zeitschriften. Und weil Wilfried Gebhard so viel Spaß daran hatte, zeichnet er nur noch, besonders gerne für Kinder.

Leserätsel
mit dem Leseraben

Super, du hast das ganze Buch geschafft!
Hast du die Geschichten ganz genau gelesen?
Der Leserabe hat sich ein paar spannende
Rätsel für echte Lese-Detektive ausgedacht.
Mal sehen, ob du die Fragen beantworten
kannst. Wenn nicht, lies einfach noch mal auf
den Seiten nach. Wenn du die richtigen Antwort-
buchstaben in die Kästchen auf Seite 187
eingesetzt hast, bekommst du das Lösungswort.

Fragen zu den Geschichten

1. Wo entdecken Marie und ihre Eltern die
goldene Katze? (Seite 11)
M: Am Marktstand eines Händlers.
D: Sie wird ihnen vom Kellner eines kleinen
Lokals angeboten.

2. Was bedeutet die Nachricht „Lasst euch ruhig
Steine in den Weg legen …"? (Seite 24/25)
E : Pias Gruppe soll dem Pfeil folgen.
O: Pia und die anderen „Füchse" müssen
Hindernisse überwinden, die ihnen von
den „Bibern" in den Weg gelegt wurden.

3. In welcher Position spielt Justus in Tims Fußballmannschaft? (Seite 58)

T : Er steht im Tor.

G: Er ist rechter Außenverteidiger.

4. Warum langweilen sich Nils und Ole auf dem Kreuzfahrtschiff „Explorer"? (Seite 65/66)

A: Weil sie mit ihrem Opa Ferdinand verreisen müssen.

E : Weil das Programm für Kinder ziemlich öde ist.

5. Warum kann Peter Miehle Nadines Onkel Hans nicht leiden? (Seite 88)

N: Weil Hans Miehles Stute Dolores ein Medikament ins Wasser gegeben hat.

K : Er gönnt Hans seine Erfolge nicht.

6. Wo findet die Briefmarken Börse statt? (Seite 101)

T : In der Aula der Schule.

U: Im Festsaal der Musikschule.

7. Weshalb werden Clara und Philipp mit einem Kinobesuch belohnt? (Seite 112)

I : Weil sie gute Zeugnisse mit nach Hause gebracht haben.

L : Weil sie so viel im Haushalt helfen.

8. Wo bemerkt der Vater von Clara und Philipp, dass sein Portemonnaie weg ist? (Seite 114)

E : Am Kassenautomat im Parkhaus.

V : Im Foyer des Kinos.

9. Was hat Herr Denker aus der Getränke-abteilung am Wochenende unternommen? (Seite 119/120)

M : Er war mit seiner Freundin in einem Möbelhaus.

L : Er hat mit seiner Handballmannschaft an einem Turnier teilgenommen und einen Pokal gewonnen.

10. Was will Finjas Vater auf keinen Fall verpassen, während er mit Finja auf dem Rummel ist? (Seite 143/144)

O : Die gruseligen Mumien in der Geisterbahn.

U : Die Halbzeitergebnisse der Fußball-Bundesliga, die um 16:20 Uhr im Radio durchgesagt werden.

11. Warum nennt Winni Onkel Bobs Dackel „Mops"? (Seite 151/152)

P : Weil der Dackel einen ganz schön dicken Bauch hat.

V : Weil in seinem Stammbaum alle Hunde einen Namen mit „M" haben.

12. Wie feierte Chiara ihren sechsten Geburtstag? (Seite 168)

A : Mit einem Römerfest, bei dem die Kinder im Liegen essen durften wie die alten Römer.

E : Mit einem Ritterfest mit Bogenschießen und Ringstechen.

Lösungswort:

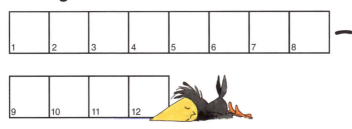

 **Rabenpost**

Super, alles richtig gemacht! Jetzt wird es Zeit für die RABENPOST.
Schicke dem LESERABEN einfach eine Karte mit dem richtigen Lösungswort. Oder schreib eine E-Mail.
Wir verlosen jeden Monat 10 Buchpakete unter den Einsendern!

An den LESERABEN
RABENPOST
Postfach 20 07
88190 Ravensburg
Deutschland

leserabe@ravensburger.de
Besuche mich doch auf meiner Webseite:
www.leserabe.de